Montesquieu
Eine Einführung

Michael Hereth

Montesquieu
Eine Einführung

PANORAMA

© by Junius Verlag GmbH
Genehmigte Lizenzausgabe Panorama Verlag, Wiesbaden
Alle Rechte vorbehalten
Umschlaggestaltung: Helmut Schaffer
Titelfoto: AKG Berlin
Satz: GGP Media GmbH, Pößneck
Druck: GGP Media GmbH, Pößneck
Printed in Germany
ISBN 3-926642-59-9

Inhalt

Vorwort

Montesquieu ist neben Locke der wichtigste moderne Denker im Hinblick auf den Verfassungsgrundsatz der Verteilung der Macht.

Wenn von Montesquieu die Rede ist, dann geschieht dies in aller Regel im Zusammenhang mit gemischter Verfassung und Machtverteilung und mit seiner Interpretation der englischen Verfassung des 18. Jahrhunderts.[1] Oft wird er als Vorläufer der Französischen Revolution erwähnt; und besonders im deutschen Sprachraum legen viele, die Montesquieu als Autor heranziehen, Wert auf seine Betonung der Eigenart jeweiliger politischer nationaler Kulturen, die in ihrer Eigenständigkeit verstanden werden müßten. So gilt der Baron de La Brède et de Montesquieu als Vorläufer Herders oder als Vorläufer bzw. Vorbereiter des Historismus, wie dies Meinecke in seiner Geschichte des Historismus darzustellen versucht.[2]

Ob all diese Interpretationen der Werke Montesquieus tatsächlich seinen Gedanken gerecht werden, kann im Rahmen dieser Einführung nur angedeutet, aber nicht im Detail untersucht werden. Hier soll vielmehr unter Beachtung der verschiedenen Aspekte, die Verfassungsrechtler, Soziologen, Geistesgeschichtler und andere für ihre jeweilige Disziplin betonen, der Gesamtzusammenhang des Denkens von Montesquieu analysiert werden. Diese Einführung versucht darzustellen, was Montesquieu zur Analyse und Lösung der Probleme vernünftiger Ordnung menschlicher Gesellschaften beiträgt. Dabei wird nur wenig Sekundärliteratur herangezogen, auch wenn ich den vielen großen Autoren, die sich mit den Gedanken dieses französischen Edelmannes beschäftigt haben, Dank schulde. Soweit ich jene zitiere, gebe ich – wenn eine solche vorliegt – die Fundstelle in der deutschen Ausgabe an. Der bescheidene Umfang der Darstellung verbietet einen detaillierten Dialog mit den großen Montesquieu-Interpretationen ebenso wie eine auch nur skizzenhafte Darstellung der Wirkungsgeschichte dieses Denkers[3], müßte diese doch die sogenannte Geistesgeschichte über Tocqueville, Hegel und Marx bis Aron und Arendt ebenso umfassen wie die Geschichte der Soziologie und des Verfassungsrechts. Eine Untersuchung der Wirkungen des Montesquieuschen Denkens würde aber auch deswegen den Rahmen dieser Einführung sprengen, weil er ja nicht nur die Welt der Ideen nachhaltig beeinflußte, sondern auch die praktische Verfassungspolitik. Montesquieu ist gewiß der wichtigste geistige Vater der amerikanischen Verfassung[4]; und er stand über diese für eine Unzahl moderner Verfassungen Pate. Ein Großteil des modernen geschriebenen Verfassungsrechtes und seiner Interpretationen ist das direkte oder indirekte Ergebnis von Auseinandersetzungen mit den Überlegungen Montesquieus.

Unsere Untersuchung will nicht diese Wirkungen aufzeigen, sondern vielmehr die Überlegungen, die zur Formulierung der von Montesquieu entwickelten Ordnungsgrundsätze führten, nachzeichnen und analysieren. Die Einführung ist also ganz bewußt auf das Werk Montesquieus konzentriert.

Im vorliegenden Text habe ich bis auf wenige Ausnahmen bei den Zitaten aus dem Werk auf die leichter zugängliche Pléjade-Ausgabe[5] zurückgegriffen, wenngleich ich, besonders beim Studium der *Pensées*, mit der Ausgabe von Masson[6] gearbeitet habe, die die Gedanken Montesquieus in der manchmal doch sehr aufschlußreichen Reihenfolge ihrer Niederschrift zugänglich macht und die zudem ein höheres Maß an Vollständigkeit aufweist. Um den Lesern das Finden der zitierten Stellen zu erleichtern, sind bei den *Pensées* die Fundstellen beider Ausgaben angegeben. Die Zitate aus den *Betrachtungen über Ursachen der Größe und des Verfalls der Römer* sind wegen der verschiedenen deutschen Ausgaben dieser Arbeit durch Angabe der Kapitel des Werkes und der Seitenzahl in der Pléjade-Ausgabe ausgewiesen – ein Weg, der sich auch beim Hauptwerk *De L'Esprit des Lois (Vom Geist der Gesetze)* empfahl, da allerdings habe ich wegen der Kürze der Kapitel auf die Seitenzahlen verzichtet. Den gleichen Weg bin ich bei den *Lettres Persanes (Persische Briefe)* gegangen.

Die Fundstellen sind, soweit in den Text eingearbeitet und nicht in Fußnoten vermerkt, mittels Siglen gekennzeichnet. Ich verwende vier: *De L'Esprit des Lois*: EL; *Considérations sur les Causes de la Grandeur des Romains et de leur Décadence*: C; *Lettres Persanes*: LP; *Mes Pensées*: P. Bei den *Pensées* wird zuerst die Zählung der Masson-Ausgabe (M) und dann die Zählung der Ausgabe von Caillois (C) angegeben.

Zur Erleichterung des Verständnisses des Montesquieuschen Werkes ist es wichtig, darauf hinzuweisen, daß dieser große Autor zu seinen Lebzeiten bedeutend mehr geschrieben als publiziert hat. Einen Großteil seiner Reflexionen und Gedanken hat er in Notizheften festgehalten, den oben erwähnten *Pensées*, die erst in den Jahren 1899 bis 1901 unter dem Titel *Mes Pensées* vollständig veröffentlicht wurden. Eine weitere, erst 1914 veröffentlichte Gedankensammlung hat den Titel *Spicilège*. Eine dritte Sammlung, *Geographica*, wurde 1950 veröffentlicht.

Mit Hilfe dieser Materialsammlungen sowie seiner Reisenotizen, die nur zum Teil erhalten sind, bereitete Montesquieu seine Veröffentlichungen vor. Ein Teil der Gedanken ging allerdings, obgleich dafür vorgesehen, nicht in den endgültigen Text ein, während ein anderer Teil schon bei der Niederschrift nicht für die

Veröffentlichung zu Lebzeiten bestimmt war. In bezug auf den letzteren Teil, letztlich aber auch mit Blick auf die ganzen Gedankensammlungen, ist anzumerken, daß Montesquieu unter dem Regime der Zensur publizierte. Zudem waren seine Veröffentlichungen von der Indexierung durch den Vatikan bedroht; eine Bedrohung, dem sein Hauptwerk *De L'Esprit des Lois* nicht entging. Um die ganze Fülle der Überlegungen Montesquieus und auch um etwaige Rücksichten auf die Zensur nachzuvollziehen, erwiesen sich beim Erstellen der vorliegenden Studie Rückgriffe auf die Gedankensammlungen als hilfreich. Die Hauptgedanken Montesquieus allerdings findet der Interessierte in den veröffentlichten Werken, die allesamt auch in deutscher Übersetzung vorliegen. Beim Zitieren des *Esprit des Lois* bin ich meist der Übersetzung Forsthoffs gefolgt[7], wenngleich ich manche Sätze und Gedanken doch neu übersetzt habe.

Der Anstoß zur Arbeit über Montesquieu ging von einer Reihe von Seminaren über diesen Denker an der Universität der Bundeswehr Hamburg aus. Die Fragen der Studenten drängten mich zu einer Intensivierung meiner Studien über Montesquieu, die zuletzt während eines vom Bundesminister der Verteidigung gewährten Forschungsfreiraumes zu einem ersten Manuskript führten. Frau Dr. Zehnpfennig und Frau Endruweit sowie die Herren Dr. Breier, Michael Hein M.A., Dr. Höffken und Wolfgang Wagner haben diesen Entwurf durchgelesen und mit kritischen Hinweisen versehen, die es mir erlaubten, die eigene Betriebsblindheit zu überwinden und den endgültigen Text zu erstellen, den ich allein zu verantworten habe. Frau Susanne Kirst hat alle meine immer neuen Versionen in die Maschine geschrieben. Ihnen allen gebührt mein Dank.

St. Cyr, im Sommer 1994

1. Ein provozierender Denker — Republiken, Monarchien und der Despotismus

Regierende, die allmächtig sind, sind ihm ein Greuel. Alles, was Montesquieu über Politik schreibt, ist auch von seiner Sorge vor dem Despotismus geprägt. Seine Reflexionen zu den Prinzipien, zum »esprit général« eines Volkes und seine Gedanken über Freiheit sind auch Auseinandersetzungen mit den intellektuellen Vordenkern des Absolutismus; und in seinen Überlegungen zur Mäßigung der Herrschenden und zu freiheitlichen Verfassungen klingt fast immer Kritik am Vordringen staatsabsolutistischer Praxis in Europa mit.

Montesquieu trägt seinen Lesern diese Sorge aber nur selten in direkter oder gar polemischer Form vor: »Man darf seinen Gegenstand nicht immer so erschöpfend behandeln, daß man dem Leser nichts mehr überläßt. Es geht nicht darum, zum Lesen zu bewegen, sondern zum Denken.« (EL XI, 20)

Montesquieu will seine Leser zum Nachdenken provozieren. Viele seiner apodiktisch erscheinenden Sätze und seiner idealtypischen Schilderungen gesellschaftlicher Zustände müssen unter diesem Gesichtspunkt gelesen werden.

Sieht man einmal von der mißlichen Situation ab, daß Montesquieu, besonders im deutschen Sprachraum, in die Hände von Juristen gefallen ist, die ihn im Kontext seiner Lehre von der Machtverteilung in der englischen Verfassung, die sie Gewaltenteilungslehre nennen, zum zitierfähigen klassischen — und damit der Kritik entzogenen — Autor gemacht haben, so kann man feststellen, daß sein Wunsch, die Leser zum Nachdenken zu bewegen statt sie mit fertigem Wissen abzuspeisen, gegenüber jedem unvoreingenommenen Leser seiner Werke erfolgreich sein muß.

Montesquieu entwirft Bilder von Republiken, in denen die Bürger ihr gesamtes politisches Handeln dem Gemeinwohl unterwerfen. Ja, in diesen Republiken der Antike, die er schildert, sind Vermögen und Einkommen nahezu gleichmäßig verteilt, Habgier und privates Gewinnstreben sind unbekannte Erscheinungen, und die politische Klasse oder – in Demokratien – das ganze Volk lebt im Privaten ein genügsames Leben, das nur durch öffentliche Feste oder Tempelbauten und Gemeinschaftseinrichtungen der Ärmlichkeit der Verhältnisse entkommt.

Handelt es sich um Schilderungen historischer Gesellschaften – die uns doch ein wenig unrealistisch erscheinen –, oder will uns Montesquieu durch diese Beispiele Kriterien aufzeigen, an denen er die Verkommenheit seiner zeitgenössischen Ordnungen, der Monarchien Europas, deutlich macht?

Montesquieu sieht die Freiheit und die gute Ordnung in den Monarchien seiner Zeit bedroht. Er erkennt die Gefahr, daß sich die europäischen Fürsten des 18. Jahrhunderts, unterstützt von ihren intellektuellen Helfershelfern hobbesianischer Prägung, allen Kontrollen entziehen und ihre Macht mißbrauchen.

Für ihn haben die Regime in Westeuropa die Tendenz, zu Despotien zu degenerieren; und diese illegitime Herrschaftsform verurteilt er. In vorsichtigen Formulierungen – er publiziert unter einer zwar ineffektiven, aber doch bedrohlichen Zensur – warnt er vor der Zerstörung der die Macht des Königs einschränkenden »pouvoirs intermédiaires«, der Zwischengewalten der regionalen Parlamente und des Adels.

Montesquieu läßt offen, ob es überhaupt das Ziel der vielen Kriege von Ludwig XIV. war, hegemonialer Herrscher ganz Europas zu werden. In seiner Schrift *De La Monarchie Universelle*[8] stellt er aber fest, die Übermacht eines Herrschers in Europa müsse zwingend, schon wegen der Größe des Reiches, zu despotischer Herrschaft führen. Und die despotische Herrschaft ist für Montesquieu in der Tat eine fürchterliche Bedrohung der Freiheit. In seinen Schriften jedoch tritt sie nur außerhalb des zivilisierten Westeuropa auf. Europa und die europäischen Monarchien aber sind in die Zeit des Handels eingetreten, der Kriege überflüssig und die Despotien sinnlos zu machen scheint.

So gibt es auf dem europäischen Kontinent, lange gewachsen und durch die Sitten und Verfassungen gefestigt, vor allem Handel treibende Monarchien, in denen die Leidenschaften des Machtstrebens und des Erwerbs sich auf friedliche Weise betätigen können.

Die Schilderungen der Freiheit durch Machtbalance und Machtverteilung in den bestehenden Monarchien sind so — zwischen den auf der Zeitachse in die Vergangenheit verlagerten wohlgeordneten Republiken einerseits und den Despotien andererseits, die räumlich von Europa entfernt in Asien und im Nahen Osten angesiedelt erscheinen — der wichtigste Gegenstand der Untersuchungen seines Hauptwerkes *De L'Esprit des Lois.*

Montesquieus Beispiele, Analysen und Beschreibungen der Machtverteilung in Monarchien, deren berühmtester Fall die englische Verfassung ist, sind Darstellungen moderner Verfassungsordnungen. Sie erscheinen uns auch heute noch von gültigen Einsichten geprägt. Die Tatsache, daß wir nun keine regierenden und herrschenden Königshäuser mehr kennen, ändert nichts daran, daß man überspitzt sagen kann, die modernen Verfassungsstaaten sind — im Sinne Montesquieus — Monarchien ohne Monarchen. Damit ist das transhistorische der Montesquieuschen Untersuchungen angesprochen, das diesen Denker auch heutzutage noch lesenswert macht.

Bedeutungsvoll sind dabei weniger seine institutionellen und

gesellschaftlichen Lösungen für die Probleme von Machtverteilung, Machtkontrolle und Gerechtigkeit als vielmehr seine
Begründungen.

Montesquieu, und dies gilt nicht nur für seine Analysen monarchischer Verfassung, beschäftigt sich mit den Problemen
des Zusammenhangs von Recht, Politik und gesellschaftlicher
Ordnung. Von den Gesetzen und Rechtsbräuchen ausgehend
untersucht er die Gründe ihrer Einrichtung, ihren Sinn und den
Zusammenhang der Regelungen der unterschiedlichen Gesell-
schaftsbereiche wie Wirtschaft, Religion, Strafrecht, Zivilrecht,
Verfassungsrecht und Politik. Er sucht nach dem Gemeinsamen,
das die verschiedenen Handlungsbereiche zu einer Einheit in Vielfalt verbindet, das die unterschiedlichen Gesellschaften zusammenhält. Seine Fragen und Untersuchungen heben ihn weit über
das Niveau eines klugen Analytikers der Besonderheiten der Verfassungen, der Politik und der historischen Kenntnisse des 18.
Jahrhunderts hinaus. Sein Nachdenken gilt vernünftiger menschlicher Ordnung. Er sucht nach Einsichten in die Gründe für die
Spezifika jeweiliger Gesellschaften. Bei seiner Suche formuliert er
Fragen und Anregungen zum Überdenken gesellschaftlicher
Ordnung, die besonders sein Werk *Vom Geist der Gesetze* zu einer
wichtigen und zentralen Arbeit moderner politischer Wissenschaft machen. Es ist eine vergleichende Analyse politischer Ordnungen und Zivilisationen.

Europa gerät außer sich

Den beiden vorliegenden Ausgaben der Werke Montesquieus
sind zwei Karten von Robert de Vaugondy beigefügt, die zum
Verständnis des Werkes *Vom Geist der Gesetze* beitragen sollen
und die auch der ersten großen Ausgabe seiner Werke im Jahre

1758 beigegeben waren. Die Karten datieren aus dem Jahr 1756, dem Jahr nach dem Tode des Baron de La Brède et de Montesquieu. Sowohl die Karte Europas als auch die Weltkarte unterscheiden sich kaum von heutigen Karten. Die Entdeckung der Erdteile ist zu jener Zeit nahezu abgeschlossen.

Europäische Reisende haben die Kontinente durchzogen, Geographen haben sie vermessen. Soldaten, teilweise von Privatarmeen, haben Eroberungen gemacht. Englische, französische, italienische und deutsche Adlige, Bürger und Missionare reisen seit dem 16. Jahrhundert durch Europa und die anderen Erdteile. Beamte der neuen Kolonien und Kaufleute lernen eine Welt voller Kuriositäten kennen, Priester tragen die Worte des Herrn und den Katechismus ihrer Kirchen zu Völkern, die zuvor vom Christentum kaum berührt waren. Europa gerät außer sich. Aber die Priester und Missionare, die Kaufleute und Eroberer, die Bildungsreisenden und Neugierigen aus den Oberschichten der europäischen Gesellschaften tragen nicht nur ihre Waffen, ihren Glauben, ihre Waren, ihr Wissen und ihr Geld in die bislang wenig bekannten Kontinente und Länder; sie schreiben Berichte, Reisetagebücher, Erzählungen und Schilderungen fremder Länder und Sitten.

Eine Fülle von neuen Informationen über Gesellschaften und über Politik, Gebräuche, Religionen und Sitten der nicht-europäischen Gesellschaften wird ebenso dem Denken der Europäer zugänglich wie Geschichtskenntnisse und topographische und klimatische Daten über alle Erdteile.

Dies verändert die Welt. Nicht nur, daß Europa andere Länder mit seinem Handel überzieht und mit seinen Missionaren zu bekehren sucht oder erobert, ist das Neue; auch Europa verändert sich: durch die Kenntnisse der so ganz anderen Kulturen.

Im Kontrast zum anderen verliert das in Europa Selbstverständliche viel von seiner Selbstverständlichkeit. Gebräuche, Sitten, Institutionen, die bislang als unveränderliche Ergebnisse menschlicher Vernunft erschienen, werden nun als Resultat historischer Einmaligkeit, als Folge besonderer Konstellationen erfahren. In dem Maße, in dem sich Europa erkennend und erobernd der Welt bemächtigt, verliert es seine Selbstgewißheit, und die eigenen Gebräuche, Sitten und Institutionen werden zum Gegenstand skeptischen Fragens. Die Kenntnis anderer Kulturen, Religionen und Gesellschaftsordnungen relativiert die Bedeutung der eigenen.

Das Werk *Les Lettres Persanes*, mit dem Montesquieu im Jahre 1721 als Zweiunddreißigjähriger anonym, aber alsbald als Autor identifiziert, das gebildete Frankreich erfreut, ist Beispiel eines modischen Literaturgenres seiner Zeit.[9] Die französische Gesellschaft, ihre besonderen Manieren, ihre politische Ordnung, ihre herrschende Religion, ihre Sitten und Überzeugungen werden von zwei persischen Reisenden geschildert. Indem Montesquieu zwei Fremde, zwei Nicht-Europäer, erzählen läßt, wie sie Frankreich sehen und erfahren, macht er seinen Lesern bewußt, wie relativ das Selbstverständliche und wie skurril das Normale der eigenen Gesellschaft ist. Sobald die Realität nicht mehr aus dem Blickwinkel des Teilnehmenden, des Bürgers einer Gesellschaft beschrieben wird, sondern aus dem des Außenstehenden, verliert sie viel von ihrer scheinbaren Naturgegebenheit. Der von innen durch das Teilnehmen an der Selbstinterpretation der Bürger erhellte und erfahrbare Kosmos der Gesellschaft wird durch den kritischen Blick des dieser Selbstinterpretation nicht unterworfenen Betrachters relativiert und in Frage gestellt. Das Selbstverständnis der Gesellschaft und ihrer Bürger verändert sich.

Es ist ein weiter Weg vom Briefroman der *Lettres Persanes* zum Hauptwerk Montesquieus, *De L'Esprit des Lois*. Der Abstand aber, den der Autor in beiden Werken gegenüber allen Versuchungen entwickelt, das Gegebene der eigenen Gesellschaft und ihres

Selbstverständnisses als das schlechthin Richtige zu sehen, macht deutlich: Montesquieus Bewußtsein ist tendenziell nicht mehr eurozentrisch – jenseits der tatsächlich vorhandenen und unbestreitbaren Zentrierung seiner Überlegungen auf europäische Probleme und jenseits seiner Verbannung nahezu aller nicht-europäischen Ordnungsphänomene ins Reich des Despotismus.

Aber unabhängig vom neuen Anschauungsmaterial, das das Verstehen der eigenen Gesellschaften für die Europäer verändert, lebt Montesquieu zur Zeit eines gewaltigen Umbruchs europäischen Denkens. Das intellektuelle Klima, das Montesquieu umgibt und zu dem er beiträgt, ist von Versuchen geprägt, das Selbstverständnis der Gesellschaften, ihrer Religion, ihrer höchsten Werte, ihrer Ziele und Institutionen neu zu formulieren. Die geistige Herausforderung der Reformation, des Cartesianismus, der Gedanken Newtons und Leibniz', der Versuch der Engländer, nach der Revolution des Long Parliament und der Diktatur Cromwells ihre Politie neu zu begründen, die Schriften von Locke, Hobbes u. a. – all dies bedeutet eine Abwendung des geistigen Europa von der bislang dominierenden Scholastik und der in politischen Fragen gängigen Rezeption des Aristoteles, der vorher zwar unterschiedlich interpretiert wurde, der aber doch als Autorität unbestritten war. [10]

Die Zeit, in der Montesquieu lebt, ist fast ebenso im Umbruch begriffen wie vorher die Renaissance. Sie ist vom Anfang des Denkens der Enzyklopädisten, der Romantik, der Aufklärung und des Skeptizismus geprägt, von Religionsstreiten aufgewühlt und von neuen politischen und geistigen Frontstellungen zerrissen, die Vorahnungen der geistigen Zerklüftung geben, die Europa bis ins 20. Jahrhundert spalten und lähmen werden.

Grenzen

Nicht nur ein Großteil der modernen politischen Wissenschaft und der Nationalökonomie, sondern auch die meisten Überlegungen der Verfassungsrechtler und nicht unbeträchtliche Teile der modernen politischen Soziologie gehen heute von Fragestellungen aus, die ausgesprochen oder unausgesprochen die bewußte Gestaltung der Gesellschaft anstreben. »Was muß man tun, damit folgendes Ergebnis eintritt?« ist nicht nur die Frage der Ökonomen. Auch Politologen, Juristen und Soziologen beziehen ihre Fragestellungen aus dem Veränderungs- oder Gestaltungswillen entweder der Forscher selbst oder ihrer Auftraggeber. Verfassungen, Wirtschaftsziele oder gesellschaftliche Zustände sollen »implementiert« werden, und die der Durchsetzung vorangehende Analyse ist in aller Regel von der Fragestellung nach den Möglichkeiten und Bedingungen eben dieser Implementation bestimmt.

Das moderne Denken über Gesellschaft ist von jenem Geist geprägt, den F. Bacon artikulierte, als er schrieb, Wissen sei Macht.[11] Macht war hier und wird seither weitgehend verstanden als Gestaltungsmöglichkeit. Und Wissen wird als sinnvoll und wichtig verstanden eben wegen der ihm angeblich entspringenden Macht. Daß eine Gesellschaft und ihre Ordnung sowie ihre Teilordnungen nicht beliebig veränderbar sind oder daß derartige Veränderungen, zumindest wenn sie tiefgreifend sind, nur unter beträchtlichen Erschütterungen der Gesellschaft erreichbar sind, ist dem modernen Bewußtsein kaum mehr präsent.

Montesquieu insistiert demgegenüber darauf, daß der Bereich, der erfolgreichem menschlichen Handeln und Verändern zugänglich ist, begrenzt sei. Man kann nicht alles nach Belieben umkrempeln, denn nicht alle Bedingungen, unter denen Regierungen und Reformer tätig werden, stehen zur Disposition. »Ein Großteil der

Ereignisse geschieht auf Wegen, die so einzigartig sind oder die von derart unwahrnehmbaren und entfernten Ursachen abhängen, daß man sie überhaupt nicht vorhersehen kann«, unterstreicht Montesquieu in der Schrift *De La Politique,* und er betont, wie wenig das Handeln von Politikern und Regierungen den Lauf der Dinge zu verändern vermag. [12] Dies ist weniger ein Plädoyer für das Bestehende, wie Fetscher vermutet [13], als vielmehr ein Hinweis darauf, daß unüberlegtes und die Grenzen menschlichen Tuns nicht bedenkendes Handeln zu Unordnung und Unglück und nicht zu den angestrebten Ergebnissen führt.

Diese Aussagen gelten insbesondere für grundlegende Veränderungen beispielsweise der Regierungsform. »Ich glaube keineswegs«, notiert Montesquieu in den *Pensées,* »daß eine Regierungsform zur Ablehnung anderer drängen sollte. Die beste von allen ist gewöhnlich die, unter der man lebt (und ein vernünftiger Mensch sollte sie lieben); denn, da es unmöglich ist, sie zu ändern, ohne Sitten und Gebräuche zu ändern, vermag ich in Anbetracht der Kürze des menschlichen Lebens nicht zu erkennen, welchen Nutzen es den Menschen brächte, die angestammten Gewohnheiten in allen Beziehungen aufzugeben.« (P: M 934; C 632)

Urteilskraft, die »Prinzipien« und die Distanz

Die Besonderheiten von Montesquieus Art der Darstellung und der Analyse können uns Zeitgenossen, wenn wir sie uns nicht bewußt machen, leicht entgehen. So wenig er in aller Regel Konzepte und Programme der Umgestaltung anstrebt, so wenig geht es ihm um eine Darstellung, die die Phänomene nur beschreiben würde. Montesquieu will gesellschaftliche Konstellationen, politische Institutionen, Rechtsbräuche, historische Abläufe, Zusammenhänge und Differenzen gesellschaftlicher Teilbereiche verstehen und richtig beurteilen.

Im Zentrum seiner Art der Betrachtung, Analyse und Darstellung steht die Urteilskraft [14] und die Vermittlung der Kriterien des Beurteilens sowie die Beurteilung selbst. Dies ist das Motiv für sein Streben nach Distanz, das Starobinski mit dem »Streben nach dem Turm«, von dem aus man Überblick gewinnt, treffend symbolisiert hat. »Komme ich in eine Stadt«, zitiert er Montesquieu, »so steige ich stets auf den höchsten Turm, um alles in seiner Gesamtheit zu sehen.« Starobinski folgert, der blitzhafte kurze Blick wolle »ein Blick aufs Ganze sein, will alles umfassen« [15]. Dieser Blick auf das Ganze ist die Voraussetzung für ein vernünftiges Urteil über das Gesehene.

Montesquieu will die Zusammenhänge erkennen. Dies ist Voraussetzung für ein abgewogenes Beurteilen. Denn es sind zwar die Phänomene, die verstanden und beurteilt werden, ihre Sinnhaftigkeit aber erschließt sich dem urteilenden Betrachter erst, wenn er sie im Zusammenhang des Gesamten versteht und analysiert. Die Zusammenhänge, die »rapports« erst erlauben, die Erscheinungen aus der bloßen Banalität der Faktizität zu lösen und sie dem Verstehen zugänglich zu machen. Dieses Urteil über die Einzelphänomene in ihrem Zusammenhang mit dem Gesamten wird gewonnen und verstärkt durch einen ständigen Perspektivenwechsel, durch die Untersuchung der Dinge und Erscheinungen aus verschiedenen Gesichtswinkeln. Auf den ersten Blick erscheint diese Art der Darstellung »wertneutral«. Dieser erste Blick täuscht. Die Untersuchungen Montesquieus verweilen nur nicht bei blanken moralischen Urteilen und der Darstellung ihrer Kriterien, sie gehen vielmehr grundsätzlich von der Sinnhaftigkeit eines jeweiligen Zusammenhanges aus. So schildert er die Gründe dafür, warum etwas so ist, wie es ist.

Die soziale Realität zu verstehen, ist für Montesquieu die Voraussetzung für kluges Urteilen und sachgerechtes Handeln. Denn gerade in menschlichen Angelegenheiten erlaubt uns die Vernunft auch, Fremdes zu verstehen. »Wenn ein Gesetz bizarr zu sein scheint und man das Interesse des Gesetzgebers nicht erkennen kann [...] sollte man annehmen, daß es vernünftiger ist, als es scheint, und daß es auf einem zureichenden Grund beruht.« (P: M 1934; C 410) Das Verstehen aber ist Voraussetzung für einen vernünftigen Umgang; Montesquieu fragt: »Wie kann man ein Gesetz anwenden, wenn man das Land und die Umstände, für die es gemacht ist, nicht genau kennt?« (P: M 1827; C 320) Der Blick auf andere Länder erlaubt ebenso wie der Blick in die Vergangenheit des eigenen Landes zu verstehen, zu beurteilen und danach vernünftig zu handeln, ohne eine Position völlig außerhalb des Handlungskontextes einzunehmen, was ja tatsächlich unmöglich ist. Der Wechsel der Perspektiven erhöht die Chance rationaler Urteile.

So ist für Montesquieu auch die Geschichte kein Steinbruch, aus dem man sich die benötigten Erkenntnisse und Weisheiten für den Alltagsgebrauch beliebig herausbrechen kann, sondern eine der Perspektiven, die seine zeitgenössische Wirklichkeit verständlicher macht, eine Perspektive des Beurteilens. Er formuliert dies in einem Fragment, das er nicht in den endgültigen Text des *Esprit des Lois* aufnahm: »Man muß die alten Dinge kennenlernen, nicht um die neuen zu ändern, sondern um die neuen recht zu gebrauchen. Es ist gewiß, daß die allgemeinen Meinungen jedes Zeitalters immer übertrieben sind. Sie sind nur allgemein geworden, weil sie die Denkweisen stark geprägt haben. Das heißt, wenn man sie vernünftig einordnen will, muß man die vorherrschenden Meinungen unseres Jahrhunderts daraufhin untersuchen, wie sie in anderen Jahrhunderten in Erscheinung treten [...].« (P: M 1795; C 399)

Das Fragment endet nicht an dieser Stelle, sondern nimmt den anfänglichen Gedanken des rechten Gebrauchs wieder auf. Die Kenntnisse der Vergangenheit seien nützlich, weil sie zum guten Handeln anleiten, sie seien aber auch hilfreich, weil sie helfen, die Verbreitung übler Vorurteile zu verhindern.

Montesquieus Kriterien des Beurteilens sind von eben diesem zurückhaltenden Geist. Es geht ihm nicht um einen moralischen Rigorismus, der statt zu beurteilen nur verurteilt und der dadurch zu einem bequemen Ruhekissen werden möchte. Er kritisiert die Gefahr einer von den Gegebenheiten abgezogenen rein spekulativen Moral, »die uns von weitem zeigt, wie wir sein sollten und die uns läßt, wie wir sind« (P: M 1438; C 89).

Montesquieu ist auf der Suche nach dem Grund, der die Gesellschaften zusammenhält und den er verstehen will. Er glaubt, diesen Grund gefunden zu haben, genauer, er glaubt, die verschiedenen Gründe, die die unterschiedlichen Gesellschaften zusammenhalten, gefunden zu haben. Es sind der »esprit général« und die Prinzipien. Und diese findet er in den Gesellschaften, nicht außerhalb derselben. Das, was sein Denken von der klassischen Philosophie und der Theologie unterscheidet, sind genau der »esprit général« und die Prinzipien, die er als die wichtigsten Elemente einer spezifischen Gesellschaft ausmacht. Nicht mehr ein höchstes Gut, das durch philosophische Reflexion oder durch Offenbarung zur Ordnung von Mensch, Gesellschaft und Geschichte führt oder führen soll und das zumindest das Urteilen der Menschen leiten soll, steht im Zentrum seiner Analysen, sondern menschliche Leidenschaften und Gesinnungen.

Wie die Menschen ihre besondere Gesellschaft erfahren, welche besonderen Bewußtseinslagen die politisch herrschende Schicht auszeichnen, welche Gesinnungen, Überzeugungen, Traditionen, Gebräuche, Sitten, Gewohnheiten und Meinungen über das Gute die gesellschaftliche Wirklichkeit prägen und beleben, macht nach Montesquieu eine Gesellschaft und ihre jeweiligen

Besonderheiten aus. Die Frage nach dem höchsten Gut klammert er aus dem Bereich der Politik aus und weist sie den Religionen zu. »Die menschlichen Gesetze betreffen das Gute, die Religion das Beste« (EL XXVI, 2), stellt er lapidar fest, um sich den verschiedenen Werten, die die Menschen in ihren Gesellschaften hochhalten, und den sich daraus ergebenden Gewohnheiten und Institutionen zuzuwenden. Die gemeinsamen Güter, Erfahrungen, Ziele und Gewohnheiten machen aus einer Gesellschaft eine Einheit, weil sie im Denken der Bürger präsent sind. »In allen Gesellschaften, die ja nichts sind als Einheiten des Bewußtseins, bildet sich ein gemeinsamer Charakter«, schreibt Montesquieu in seiner nur in Fragmentform erhaltenen Abhandlung über die Pflichten. »Diese universelle Seele nimmt eine Art zu denken an, die die Folge unendlicher Ursachen ist, die sich von Jahrhundert zu Jahrhundert vermehren und verbinden. Sobald der Ton angegeben und angenommen ist, regiert er allein, und alles, was die Herrscher, die Beamten, die Völker tun oder sich vorstellen können, ist auf ihn bezogen, ob sie nun dem angegebenen Ton folgen oder ihm entgegenhandeln. Er beherrscht sie bis zur völligen Zerstörung.« [16]

Ist Montesquieu ein Relativist? Man kann dies bejahen, aber man muß diese Bejahung gleichzeitig relativieren, denn Montesquieu reduziert eine Gesellschaft nicht auf die in ihr wirkenden Kräfte, die an keinem Kriterium außerhalb der gesellschaftlichen Wirklichkeit gemessen werden könnten. Zumindest für den Betrachter und Urteilenden, der sich gleichsam außerhalb dieses Kosmos der vom angegebenen Ton bestimmten Gesellschaft stellt, gibt es ein Kriterium: die Vernunft.

Auch wenn Montesquieu eine bestehende Gesellschaft als einen sinnerfüllten Kosmos beschreibt, beim Beurteilen dieser Wirklichkeit überschreitet er eine nur vom Selbstverständnis der Gesellschaft bestimmte Interpretation. Weil alle Gesetze einer vorgegebenen Vernunft entweder folgen oder ihr widersprechen, bleibt diese Kriterium. Es gibt klimatische, topographische, religiöse, konstitutionelle oder historische Gründe für bestimmte Regelungen und Institutionen in bestimmten Gesellschaften. Diese können als sinnhaft verstanden werden. Aber es gibt auch die Vernunft, die uns Menschen in die Lage versetzt, Regelungen als unmenschlich, und das heißt eben als unvernünftig zu identifizieren. Das Wirkliche ist nicht immer vernünftig, auch wenn eine Regel oder Beziehung einen von der Vernunft nachvollziehbaren Grund hat. Die Vernunft des Beurteilenden vermag eine Begründung als unzureichend zu verwerfen, selbst wenn er ihren Sinn versteht.

Montesquieu verharrt nicht in der Haltung des distanzierten Betrachters, der »vom Turm« aus die Wirklichkeit nur überblicken will. Er begibt sich in die Stadt, die er zuerst von oben angesehen hat. Das Verständnis des Bestehenden in seiner geschichtlichen Gewordenheit und in seiner Relativität im Vergleich zu anderen Gesellschaften ist aber Voraussetzung für vernünftiges Handeln. Montesquieu geht es um ein Handeln, das seine Möglichkeiten und seine Grenzen kennt.

Das Beispiel: Sklaverei

Das, wohin der angegebene Ton, d. h. – wie wir sehen werden – Klima, topographische und wirtschaftliche Besonderheiten sowie historische Entwicklungen, die sich in den Gewohnheiten manifestieren, eine Gesellschaftsordnung und ihre besonderen Institutionen drängen, muß auch vor dem abwägenden Urteil der menschlichen Vernunft standhalten können. Wir begegnen in Montesquieus Überlegungen dem Konflikt der beiden Komponenten der menschlichen Natur. Einmal sind die Menschen ins Geflecht ihrer Gesellschaften und ihrer Ordnungen eingebunden, die auch ein Regierender nicht ohne Not zerstören darf. Zum anderen aber muß diese gesellschaftliche Ordnung den Mindestgeboten der humanen Vernunft entsprechen, weil doch Ordnung und sie erhaltende Gesetze »dazu gemacht sind, um jenen die Befehle der Vernunft anzuzeigen, die sie nicht direkt von ihr empfangen können«, wie Montesquieu feststellt. (P: M 1859; C 208) Die Gesetze und auch die Religion haben also die Aufgabe, die besonderen physikalischen, externen Gegebenheiten, die eine Gesellschaft umgeben und einbetten, auszugleichen. Je mehr das Klima die Menschen dazu treibe, körperlicher Arbeit zu fliehen, schreibt Montesquieu, »um so mehr müssen die Religion und die Gesetze sie dazu antreiben« (EL XIV, 6).

Am Beispiel seiner Diskussion des Rechtsinstituts der Sklaverei wird die Spannung zwischen menschlicher Gesellschaftlichkeit und beurteilender menschlicher Vernunft ebenso deutlich wie Montesquieus Betonung der Höherwertigkeit der Vernunft, die die Sklaverei verwirft.

Das fünfzehnte Buch des *Esprit des Lois* beginnt mit einer Definition der Sklaverei; diese mache den Sklaven zu einer Sache. Es folgt die Beurteilung der Sklaverei. »Sie ist von Natur nicht gut.« Die Begründung hierfür ist ohne jedes Moralisieren: »Sie ist weder für den Herrn noch für den Sklaven nützlich.« Und die guten Gründe für dieses Urteil Montesquieus machen die an der vernünftigen Existenz ausgerichtete Wertordnung des Autors deutlich: Sie ist nicht gut für den Sklaven, »weil dieser nichts aus (eigener) Tugend tun kann«, und die Sklaverei ist nicht gut für den Herrn, »weil er mit seinen Sklaven auf alle schlechten Gewohnheiten herunterkommt und sich unmerklich daran gewöhnt, alle moralischen Tugenden zu verlieren; er wird stolz, auffahrend, hart, zornig, genußsüchtig und grausam«. Das konstatierte Fehlen des Nutzens geht von einem Nutzen aus, der nicht in den Annehmlichkeiten der Sklaverei für den Herrn liegt, sondern in den charakterlichen Schäden, die beide Seiten durch diese Art menschlicher Beziehung davontragen.

Nach dieser allgemein gültigen Feststellung untersucht Montesquieu die Sklaverei in den verschiedenen politischen Verfassungen. In den despotischen Ländern sei die Sklaverei erträglicher als anderswo, da die Menschen ja eh in politischer Sklaverei leben. Sklaven und andere Untertanen unterscheiden sich kaum, beide sind unfrei, und so bemerkt man die Differenz weniger schmerzlich. (EL XV, 1)

In den Despotien gibt es – und dies ist der »wahre Ursprung des Rechtes der Sklaverei« – eine Art von Verträgen zwischen den mächtigen Satrapen sowie den Reichen und den sich als Sklaven Verkaufenden, die in der allgemeinen Unfreiheit wenigstens ein Mindestmaß von Sicherheit gewähren. Dort können die Sklaven wirtschaftlich tätig sein, und sie versklaven sich freiwillig, »weil ihre Freiheit keinen Wert besitzt«. Diese Sklaverei ist relativ milde, »weil sie auf der freien Wahl eines Menschen beruht« (EL XV, 6).

Daneben gibt es noch in der Sache begründete Sklaverei in despotisch regierten Ländern, »wo die Hitze den Körper so entnervt und den Willen so schwächt, daß die Menschen nur durch die Furcht vor Strafe zur Erfüllung einer lästigen Pflicht getrieben werden können«. Hier verstößt die Sklaverei »weniger« gegen die Vernunft, da die allgemeine Schlamperei und Nachlässigkeit gegenüber den Übergeordneten alles mildert. Die ohnehin vorhandene politische Unfreiheit begleitet diesen Zustand genereller Verkommenheit. (EL XV, 7) Unter despotischen Verfassungen sind die frei genannten Menschen nicht freier als die, die nicht so bezeichnet werden. »Da diese als Eunuchen, Freigelassene oder Sklaven fast die gesamte Wirtschaft kontrollieren, deckt sich die Lage eines freien Mannes fast mit der eines Sklaven. Es ist dort fast gleichgültig, ob viele oder wenige in Sklaverei leben.« (EL XV, 13)

Nur in der Despotie also, unter der ungerechten und maßlosen

Herrschaft, ist die Sklaverei mit dem Regierungssystem vereinbar. Dort ist von Freiheit und Menschenwürde sowieso keine Rede. Diese illegitime Regierungsform, die die Menschen erniedrigt und entwürdigt, kann nach der Natur der in ihr bestehenden Verhältnisse auch die Sklaverei in ihre Ordnung aufnehmen. Aber auch hier schließt Montesquieu mit der Feststellung: »Da aber alle Menschen von Geburt aus gleich sind, muß man sagen, daß die Sklaverei gegen die Natur ist, selbst wenn sie in einigen Ländern auf einer natürlichen Begründung beruht; man muß dies gut von den Ländern unterscheiden, wo auch die natürlichen Ursachen ihr entgegenstehen.« (EL XV, 7)

Es gibt also bestimmte politische Bedingungen und klimatische Voraussetzungen, die dazu führen, daß Sklaverei besteht. Despotismus, in dem die Freiheit mit Füßen getreten wird und in dem die menschliche Würde nichts gilt, kann mit klimatischen Verhältnissen einhergehen, die die Menschen jede Tätigkeit als hassenswerte Last empfinden lassen.

In diesen Fällen sind offensichtlich die Faktoren, die eine Gesellschaft zur Sklaverei hintreiben, so stark, daß es nicht möglich ist, sie ganz zu verhindern – man muß sie also mäßigen. Montesquieu will damit die Sklaverei nicht rechtfertigen. Es bestimmt ihn auch kein Wertrelativismus, der die Sklaverei für andere Völker wegen der besonderen Bedingungen dort für erträglich oder gar für mit der Natur dieser Völker vereinbar erklärt. Sein fragendes Suchen macht nur nicht beim moralisierenden Verwerfen der Sklaverei halt. In der Geschichte und bei entfernten Völkern beobachtet er das Bestehen dieser unmenschlichen Einrichtung, und so fragt er, was denn – wenn diese Einrichtung besteht – sinnvoll ist. Welche Regelungen ergeben sich aus der Natur dieser unnatürlichen Einrichtung? Wie gehen die Regierungen sinnvollerweise mit der Bewaffnung der großen Zahl der Sklaven oder mit Freigelassenen um? Und er fragt: Wie kann man die entwürdigenden Auswirkungen der Sklaverei mäßigen? Noch beim verwerflichen und verworfenen Rechtsinstitut der Sklaverei bleibt Montesquieu ein Herold der Mäßigung. Für ihn kann ganz offensichtlich kein menschliches Tun und keine menschliche Einrichtung so übel sein, daß man sie nicht durch Mäßigung zumindest weniger übel gestalten könnte.

Anders ist dies in der Monarchie, »wo es von ausschlaggebender Wichtigkeit ist, die menschliche Natur nicht zu unterdrücken oder zu entwürdigen«. Hier darf es keine Sklaven geben. Ebenso verbietet sich die Sklaverei in den Demokratien, wo alle Menschen gleich sind, und in den Aristokratien, »wo die Gesetze bemüht sein müssen, die Menschen so weit gleichzustellen wie die Natur dieser Regierungsform es zuläßt«. Das heißt, die Ungleichheit der politischen Rechte darf nicht zu einer darüber hinausgehenden Ungleichheit der bürgerlichen Rechte führen, denn die Sklaven dienen nur dazu, den Bürgern »Macht und Luxus zu gewähren, die sie keinesfalls haben sollten« (EL XV, 1). Kühl und logisch argumentierend widerlegt Montesquieu die in der Diskussion für die Sklaverei vorgetragenen Gründe. Er verwirft sie allesamt (EL XV, 2) und stellt fest, die wahren Gründe, warum Menschen nicht davor zurückschrecken, andere zu Sklaven zu machen, seien läppische Vorurteile über andere Völker und ihre Sitten (EL XV, 3) sowie religiöser Bekehrungswahn. (EL XV, 4)

Um die Absurdität aller Argumentation für die Sklaverei zu verdeutlichen, parodiert Montesquieu die habgierigen, herzlosen und dummen Rechtfertigungen der Versklavung der Neger. Sich deren Argumente scheinbar zu eigen machend (»wenn ich das Recht, das wir hatten, die Neger zu Sklaven zu machen, unterstützen müßte, würde ich sagen:«), verspottet er das Gerede der stumpfen und unempfindlichen Seelen: »Nachdem die Europäer die Völker Amerikas ausgerottet hatten, mußten sie die Afrikaner versklaven, um sie zur Urbarmachung so großer Gebiete zu benutzen.« Zudem wäre »der Zucker zu teuer, wenn man die Pflanzen, aus denen er gewonnen wird, nicht von den Sklaven bearbeiten ließe«. Die von Kopf bis Fuß schwarzen Schwarzen hätten ja auch platte Nasen, und man könne sich doch gar nicht vorstellen, daß der weise Gott einem so schwarzen Körper eine Seele gegeben habe ... Neger seien zudem dumm. »Es ist unmöglich, daß wir davon ausgehen, diese Typen seien Menschen; wenn wir sie als Menschen betrachteten, begänne man ja zu glauben, daß wir selbst gar keine Christen sind.« Das ständige Beklagen des den Afrikanern zugefügten Unrechts sei kleinkariert. Wenn das Unrecht tatsächlich so groß wäre, hätten die Fürsten Europas es doch längst durch eine gemeinsame Konvention beendet. (EL XV, 5)

Die Motive derer, die in freien Ländern für die Sklaverei plädieren, liegen für Montesquieu auf der Hand: »Der Ruf nach der Sklaverei ist [...] der Ruf des Wohllebens und der Genußsucht und nicht der Ruf der Liebe zum öffentlichen Glück.« (EL XV, 9) Es sind »genußsüchtige Völker«, die die Sklaverei einrichten und dulden, »weil ihr Wohlleben den Dienst der Sklaven im Hause verlangt« (EL XV, 10). Die menschliche Natur wird also durch das Institut der Sklaverei erschüttert und verletzt, und es sind keine Gründe der Vernunft, sondern Leidenschaften, die hinter dieser unmenschlichen Einrichtung stehen. Es gibt Gründe für die Sklaverei in bestimmten Gesellschaften. Diese Gründe sind die Leidenschaften der Sklavenhalter. Und es gibt Bedingungen, unter denen sich diese Gründe durchzusetzen vermögen. Vor der Vernunft können die Gründe für die Sklaverei nicht bestehen; die Vernunft aber setzt sich nicht von selbst durch, und es bedarf eines mühsamen Prozesses, um die Geisteshaltung eines Volkes, in dem die Sklaverei besteht, zu verändern. Mit einem Dekret allein ist es jedenfalls nicht getan.

2. Die Quadratur des Kreises — Freiheit und vorgegebenes Recht

> Zu sagen »Hier herrscht Freiheit«
> ist immer ein Irrtum oder auch eine Lüge:
> Freiheit herrscht nicht.
> ERICH FRIED

Sucht man im Werk Montesquieus nach einer die gesamten Schriften durchziehenden Beschreibung oder gar Definition der Freiheit, muß man sich auf eine Reihe von Enttäuschungen gefaßt machen. Warnend weist der Autor des *Esprit des Lois* zu Beginn des elften Buches darauf hin, daß der Ausdruck »Liberté«, Freiheit, für Bürger in den verschiedenen Gesellschaften völlig unterschiedliche Inhalte habe. (EL XI, 2)

In seinem Hauptwerk findet sich zwar eine Reihe von Sätzen, die wie Definitionen klingen, aber schon im nächsten oder übernächsten Kapitel wird der Leser von einer neuen definitorisch klingenden Variante überrascht, die die scheinbare Gewißheit der vorangegangenen Festlegung relativiert. Starobinski weist darauf hin, daß es bei den Aussagen Montesquieus über Freiheit um vorläufige Ansichten und Aspekte geht, die erst in ihrer Gesamtheit zu einer richtigen Vorstellung von Freiheit führen.[17]

Es erweist sich deshalb als notwendig, bei der Klärung des Montesquieuschen Verständnisses von Freiheit die verschiedenen Schichten dieses Verständnisses schrittweise zu untersuchen — auch wenn es einem dann so gehen wird wie dem Analytiker einer Zwiebel, der Haut für Haut dieser Wurzel ablösend zur Erkenntnis des Wesens der Zwiebel vordringen will und der zuletzt doch nur Schalen zurückbehält. Vielleicht ist es ja möglich, durch Kenntnis der Schalen und Erinnerung an das Unzerlegte ein Wissen darüber zu gewinnen, was gemeint ist, auch wenn dies nicht mit einer Definition endet.

Freiheit ist kein den Menschen zufällig gegebenes Gut: Sie ist eine Haupteigenart der Menschen, ohne die keine wirklich diesen Namen verdienende menschliche Existenz möglich wäre. »Nichts tun wir so gut wie das, was wir unserer natürlichen Begabung folgend, in Freiheit tun«. (EL XIX, 5) Freiheit ist, wie Montesquieu in den *Pensées* notiert, »jenes Gut, das uns die anderen Güter genießen läßt« (P: M 1574; C 1797).

Recht verstandene und praktizierte Freiheit ist also wesentliche Bedingung für eine den Möglichkeiten der Menschen entsprechende Existenz. Freiheitliche menschliche Existenz aber ist eingebettet in vorgegebene Gesetze und Regeln, die die Menschen aus Einsicht oder Gewöhnung befolgen sollen und in die jede freie Entscheidung oder Handlung eingewoben ist.

In seinen *Pensées* formuliert Montesquieu mehrmals das Bild von einem weiten Netz, in dem die Menschen gleich Fischen gefangen sind, ohne es zu bemerken, und das ihnen die Illusion völliger Freiheit gibt, weil sie die Fäden des Netzes nicht bemerken, das sie bindet. »Bewunderungswürdige Vorstellung der Chinesen«, schreibt er, »die die Gerechtigkeit Gottes mit einem Netz vergleichen, so groß, daß die Fische in ihrer Bewegung glauben, frei zu sein [...].« (P: M 434; C 2124) [18]

Schon in diesem Bild wird deutlich, daß Freiheit für Montesquieu nicht das höchste Gut, das um seiner selbst willen erstrebenswert ist, sein kann. Im Bild der Fische im Netz ist die Gerechtigkeit das übergeordnete Gut.

Das Gerechte und Gute ist für Montesquieu der menschlichen Freiheit vorgegeben, und Freiheit besteht darin, das Gute aus eigenem oder gesellschaftlichem Impuls zu verfolgen.

So wie die Naturgesetze die Beziehungen und Bewegungen zwischen den leblosen Dingen der Welt regeln, so regeln vergleichbare Gesetze das Werden, Leben und Vergehen von Pflanzen und Tieren. Auch für die Menschen, so konstatiert Montesquieu am Anfang des *Esprit des Lois*, gibt es Gesetze der Billigkeit und des Rechts, »die älter sind als die positiven Gesetze, die sie begründeten«. Es gibt vernünftige Gesetze zwischen Menschen, »die sie nicht selbst gemacht haben«, jenseits der Tatsache, daß »die vernunftbegabten Einzelwesen« Gesetze haben können, »die sie selbst gemacht haben«. Montesquieu unterscheidet zwischen den positiven Gesetzen, die in Gesellschaften bestehen, und den ihnen vorhergehenden Gesetzen, die sich aus der Natur der Sache ergeben und die unveränderlich sind. »Zu behaupten, daß es kein anderes Recht oder Unrecht gibt als das, was die positiven Gesetze befehlen oder verbieten, heißt soviel wie behaupten, ehe man den Kreis gezogen habe, seien die Radien nicht gleich gewesen.« (EL I,1)

Nun ist allerdings die Tatsache unübersehbar, daß diese Regeln des Rechten von Natur wegen der Unvernunft, der Irrtümer und der Leidenschaften der Menschen deren Handeln und Verhalten nicht immer bestimmen. Die Menschen folgen ja nicht einmal immer den positiven Gesetzen, die sie sich selbst gegeben haben. Der Grund hierfür liegt darin, daß es einerseits ein Teil der menschlichen Natur ist, aus eigenem Antrieb zu handeln. Und: Wir Menschen sind andererseits von Natur aus nur begrenzt vernünftig und werden damit Opfer von Irrtümern.

Es gibt zwar eine Freiheit des vernünftigen Menschen. Diese besteht darin, daß er den vorgegebenen Gesetzen folgt. Die meisten Menschen aber sind nicht so sehr von der Vernunft geleitet, sie bedürfen der positiven Gesetze, um den Geboten von Recht und Billigkeit zu folgen. »Es ist ein bewundernswerter Gedanke Platons«, notiert Montesquieu in den *Pensées*, »daß die Gesetze dazu gemacht sind, um jenen die Befehle der Vernunft anzuzeigen, die sie nicht direkt von ihr empfangen können.« (P: M 1859; C 208)

So laufen Vernunft und gute Gesetze beide auf das Ziel hinaus, die Menschen zu einem Verhalten nach den vorgegebenen Grundsätzen von Recht und Billigkeit anzuleiten.

Freiheit ist so in Montesquieus Verständnis – im Gegensatz zur Unabhängigkeit, die außerhalb von Gesellschaft oder gesellschaftlichen Bindungen und Verpflichtungen zu suchen wäre – ein Zustand, in dem ein Mensch sich in Gesellschaft befindet. Nach seinen Überlegungen ist es eben der Verzicht auf natürliche Unabhängigkeit, »um unter politischen Gesetzen zu leben«, der dem Menschen Freiheit verschafft. (EL XXXVI, 15) Und diese Freiheit ist zweideutig.

Die Menschen sind frei, sie gestalten ihre Entscheidungen und ihr Leben aus eigenem Antrieb. Dieser kann von der Vernunft der Menschen ausgehen, dann folgen sie ihren Einsichten in die natürlichen und vorgegebenen Gesetze. Der Antrieb für die Entscheidungen der Menschen kann aber auch von Irrtum und Leidenschaften bestimmt werden, dann verletzen sie die Gesetze des von Natur aus Richtigen. So sehr also die Möglichkeit, frei zu entscheiden, der Besonderheit der Menschen entspricht, so sehr kann eben diese Freiheit zum Abfall von der Gerechtigkeit und Billigkeit der natürlichen Gesetze führen. »Die Freiheit ist eine Unvollkommenheit in uns«, notiert Montesquieu im *Spicilège*, »wir sind frei und im Ungewissen, weil wir nicht sicher wissen, was uns am besten entspricht. Für Gott ist dies nicht so: da er vollkommen ist und Herr der Lage, kann er immer nur auf vollkommenste Weise handeln.« [19]

Montesquieu sagt, Freiheit sei die Folge menschlicher Unvollkommenheit. Sie kann also recht gebraucht werden oder falsch. Und da sie eine Folge menschlicher Vergesellschaftung ist, kann auch die Gesellschaft die Menschen zum falschen oder rechten Gebrauch der Freiheit bewegen – das hängt von den historischen Gegebenheiten, der institutionellen Ordnung und dem politischen Zustand der Gesellschaft ebenso ab wie von den die Handlungen der Menschen leitenden Motiven, Gefühlen und Überzeugungen. Die Menschen haben zwar die Anlage zur Vernunft, aber diese Vernunft ist beim einzelnen Menschen zu schwach, als daß man ihr die menschlichen Angelegenheiten allein überlassen dürfte. Die Vernunft findet sich zudem nicht nur im einzelnen Menschen und Bürger, sondern auch – manchmal versteckt, oft verbogen und korrumpiert – in den Sitten, Gewohnheiten, Gebräuchen und Gesetzen der Gesellschaft, d.h. in institutionellen und gesellschaftlichen Bedingungen. Georges Benrekassa erkennt in Montesquieus Konsequenzen aus dieser Einsicht einen der Hegelschen »List der Vernunft« ähnlichen »unreinen Gebrauch« der Vernunft. Nicht im vernünftigen Menschen allein ist die Vernunft angesiedelt, sondern auch in der Gesellschaft. Das Wirken der Leidenschaften läßt sich ohne Gewalt durch soziale Mechanismen zu vernünftigen Ergebnissen kanalisieren.[20]

Dies ist in der Tat ein Element im Denken Montesquieus, das es ihm geraten sein läßt, die Freiheit des einzelnen Menschen nicht als grenzenlos zu interpretieren.

Es kommt also auf Umstände, gesellschaftliche Ordnung und Handlungen der Menschen an, ob das Gut der Freiheit mit der Gerechtigkeit koinzidiert oder zum Chaos, zur Anarchie, zum Despotismus und damit zu schlechter und ungerechter Politik führt. Freiheit ist eine notwendige, aber nicht hinreichende Bedingung für gutes Leben und für eine wohlgeordnete Gesellschaft.

Die Freiheit der Menschen, die in Gesellschaft leben, hat nach Montesquieu verfassungsmäßige Bedingungen und Komponenten, die von der Rechtsordnung bestimmt sind. Eine weitere Komponente ergibt sich aus dem Bewußtsein der Bürger. Freiheit ist zudem von den gesellschaftlich vorherrschenden Gewohnheiten und von der Sicherheit der Bürger abhängig. Sie entpuppt sich als ein durch vielfältige Bedingungen und Bindungen geprägter Zustand der Bürger in Gesellschaft.

So sehr Freiheit zur vernünftigen Existenz des Menschen in Gesellschaft gehört, so wenig ist sie von selbst vorhanden. Montesquieu sieht eine geschichtliche »Bewegung zwischen Herrschaft und Freiheit«, die die letztere dann erstarken läßt, wenn ein Ereignis das Denken der Menschen ändert »und sie so rebellisch macht, wie sie früher waren« (P: M 100; C 1475). In den *Lettres Persanes*, in den *Considérations* und auch im *Esprit des Lois* hat die Freiheit zudem einen Ort, von dem aus sie Europa bewegt und durchdringt: Die Germanen und die Franken, die das Römische Reich eroberten und die Tyrannis der römischen Caesaren wieder durch freiheitliche Regime ersetzten, kamen aus den Wäldern des Nordens. Die freien Männer dieser Stämme hatten Verfassungen eingerichtet, die auf dem Zusammenwirken der Freien basierten. Diese akzeptierten nur Herrscher, die von ihrer Zustimmung abhingen. Die Freiheit hat also ursprünglich durchaus etwas mit dem kriegerischen Geist der Eroberer gemein; und es ist ein weiter Entwicklungsgang von diesem rebellisch-aggressiven Freiheitsverständnis derer, die Waffen tragen, bis zur gezähmten und zivilen Freiheit, die Montesquieu preist.

Der andere Pol des Freiheitsverständnisses Montesquieus, der dem des rebellischen Kriegers entgegengesetzt ist, ist die »reine Freiheit«, ein »eher philosophischer Zustand«. Montesquieu beeilt sich aber festzuhalten, man könne sehr wohl die reine Freiheit, die eben keine bürgerliche sei, als Kriterium zur Beurteilung von Regierungen und Verfassungen heranziehen. Verfassungen können danach bewertet werden, wie weit sie sich von dieser philosophischen Idee der Freiheit entfernen (P: M 943; C 1798). Im *Esprit des Lois* wird Montesquieu dann etwas deutlicher und erklärt, die philosophische Freiheit bestehe »im Ausüben des Willens« (EL XII, 2). Dies aber kann für die politische Freiheit kein abschließendes Kriterium sein. Man müsse sich klarmachen, insistiert er, daß politische Freiheit nicht mit Unabhängigkeit identisch sei. Unabhängigkeit ist, wie wir gehört haben, ein Zustand außerhalb der Gesellschaft. (EL XXXVI, 15) »Politische Freiheit« aber, so erklärt er, »besteht nicht darin, zu tun, was man will.« (EL XI, 3) Freiheit gibt es nur in Bindung an die Gesetze. »Die Freiheit ist das Recht zu tun, was die Gesetze erlauben.« (EL XI, 3) Sie ist also ans Recht gebunden; und es hängt von den Gesetzen ab, welche Praxis möglich ist.

Hier im Bereich des Alltagslebens geht es nicht wie bei den Verfassungen um Machtverteilung und Machtkontrolle, sondern um Gesetze, die gewährleisten, daß die Bürger sicher sind. Montesquieu sagt, die Sicherheit der Bürger hänge hauptsächlich von der Güte der Strafgesetze ab. (EL XII, 2) Damit reduziert er die Sicherheit mitnichten auf das Strafrecht; er macht aber deutlich, daß in diesem Bereich die übelsten Formen freiheitsbedrohender Eingriffe möglich sind.

In kaum einem anderen Teil des *Esprit des Lois* wird die enge Beziehung zwischen der Theorie der naturgegebenen Gesetze, die die positiven Rechtsregeln bestimmen sollen, und Montesquieus Verständnis von Freiheit deutlicher als in diesem. Die Möglichkeit der Verurteilung eines Angeklagten aufgrund zweifelhafter Zeugnisse (EL XII, 3 und 6) ist nach Montesquieu ebenso freiheitsgefährdend wie etwa Strafen, deren Schwere in keinem vernünftigen Verhältnis zur Tat steht. (EL XII, 4) Wenn aber Straftatbestände gar keine Handlungen, sondern vermutete oder behauptete Charaktereigenschaften oder Glaubensüberzeugungen des Angeklagten sind, eröffnen Strafverfahren Möglichkeiten, »öffentlichen Haß« auf bestimmte Personen zu lenken, statt die öffentliche Ordnung, die Grundlage der Sicherheit ist, zu bewahren. (EL XII, 5)

Majestätsbeleidigung, angebliche Verschwörungen gegen die

Verfassung, bei denen die Gedanken und nicht die Taten von Beschuldigten Gegenstand der Anklage sind, und viele andere am Rande der Politik angesiedelte angebliche Gesetzesverstöße sollen ebenso wie beispielsweise Homosexualität nur soweit bestraft werden, als Sicherheit und Ruhe es erfordern. Freiheit bedarf der Stabilität der gesellschaftlichen Verhältnisse. Diese ist die Voraussetzung der Sicherheit, und so dürfen Strafgesetze nicht vom Rache- oder Vergeltungsgedanken oder gar von der Kontrolle der Gesinnung, sondern ausschließlich vom Ziel freiheitsfördernder Sicherheit bestimmt sein.

Die Sicherheit und damit in der Folge die Freiheit der Bürger hängt aber nicht nur von den Strafgesetzen ab. Wenn Montesquieu schreibt, Freiheit bestehe »in der Sicherheit«, fährt er fort: »oder in der Meinung, die man betreffend seiner Sicherheit hat« (EL XII, 1). Er weist damit auf ein Element der Freiheit hin, das in der Meinung des Bürgers, frei zu sein, liegt. Indem er diese Eigenart der Freiheit wiederholt, daß sie nämlich auch auf der Meinung der Bürger, frei zu sein, beruhe (EL XII, 2), macht er deutlich, daß alle Rechtsregeln und Verfassungsgrundsätze nur so viel tatsächlich freiheitsstiftende oder -erhaltende Wirkung entfalten können, als sie nicht von der Angst, der Trägheit oder den alteingesessenen Gewohnheiten der Bürger zu toten Regeln gemacht werden. Freiheit setzt auch das Bewußtsein, frei zu sein, voraus. »Die Knechtschaft«, schreibt er, »beginnt immer mit dem Schlaf.« (EL XIV, 13)

Wo zudem zu viele knechtische Naturen das Klima in der Gesellschaft bestimmen, kann ein Bürger ebensowenig frei leben wie unter allmächtigen Herrschern. »Die natürliche Freiheit ist von allen Seiten bedroht. Die in der Sklaverei leben, sind ebenso Feinde der Freiheit der anderen wie jene, die mit großem Einfluß herrschen.«[21] Freiheit eines Bürgers setzt die Freiheit der anderen Bürger voraus.

Das Bewußtsein, frei zu sein, muß bei den Bürgern – jenseits aller Verfassungsregeln – auch durch »Sitten, Gewohnheiten, Verhaltensweisen und erfahrene Vorbilder zum Leben erweckt werden« (EL XII, 1). So wie die Gebräuche eines versklavten Volkes einen Teil seines Sklavendaseins ausmachen, so sind auch die freiheitlichen Gebräuche und Gewohnheiten eines Volkes ein Teil seiner Freiheit. (EL XIX, 27) Wo zudem Mäßigung unbekannt ist, führt der Streit der Parteien zur Willkür der siegreichen Partei, die sich von der Willkür eines tyrannischen Herrschers nicht unterscheidet. (P: M 884; C 631) Tragen aber Verfassungsbestimmungen und gewachsene Gewohnheiten dazu bei, daß Parteienstreit nicht in Verfolgung und Vernichtung der Unterlegenen endet, hat dieser Streit eine freiheitsstiftende und die Ordnung erhaltende Wirkung. »Was man in einem politischen Körper Einheit nennt, ist eine sehr zweideutige Sache: die wirkliche Einheit ist eine Harmonie, die bewirkt, daß alle Teile – wie gegensätzlich sie uns auch erscheinen – zum allgemeinen Wohl der Gesellschaft zusammenwirken, so wie die Dissonanzen in der Musik in einem allgemeinen Akkord zusammenklingen. In einem Staate, in dem man nichts als Unordnung zu sehen meint, kann es sehr wohl Einheit geben, das heißt eine Harmonie, aus der das Glück resultiert, das allein der wahre Friede ist«, schreibt Montesquieu über den Parteienstreit in Rom, nachdem er die »allgemeine Regel« festgestellt hat, immer »wenn man alles in einem Staat, der sich Republik nennt, ruhig sieht, kann man sicher sein, daß es dort keine Freiheit gibt« (C IX, 82). Der Kampf, die Auseinandersetzungen, der Streit der Meinungen sind Bestandteile der Freiheit, die – wir sprechen dies erneut an – die Folge unserer Unvollkommenheit ist.

Aber die Unvollkommenheit der Menschen ist kein Freibrief für Willkürhandlungen und ungerechte Gesetze. Sie bindet die Menschen vielmehr an die Gesellschaft, und sie bindet die Gesellschaft an die Gesetze, die sie sich selbst gibt, die aber den natürlichen Gesetzen nahekommen müssen.

So ist Freiheit im Denken Montesquieus eine Folge vielfacher Bindung und Mäßigung. Der Bürger findet die Ordnung vor, in die er hineingeboren ist, und er wächst in die Bindungen, die die Gesellschaft ihm auferlegt, hinein. Diese Bindungen garantieren dann Freiheit, wenn sie von der Vernunft als sinnvoll erkannt werden können, das heißt, wenn die Rechte und Pflichten als recht und billig identifizierbar sind.

Beachtet man, daß Billigkeit und Recht, vermittelt durch Vernunft oder Gesetze, für Montesquieu die Freiheit in Gesellschaft inhaltlich füllen, so verliert auch die oft als enigmatisch verstandene Formel, die der Aussage im *Esprit des Lois* folgt, politische Freiheit sei nicht einfach die Durchsetzung des eigenen Willens, viel von ihrer Rätselhaftigkeit.

»In einem Staat«, schreibt Montesquieu, »das heißt in einer Gesellschaft, in der es Gesetze gibt, kann die Freiheit nur darin bestehen, das tun zu können, was man wollen soll, und nicht gezwungen zu sein, zu tun, was man nicht wollen soll.« (EL XI, 3) Die scheinbare Rätselhaftigkeit dieser Stelle verführt Forsthoff zu der mißverständlichen Übersetzung, Freiheit bestehe darin, »das tun zu können, was man wollen darf, und nicht gezwungen zu sein, zu tun, was man nicht wollen darf«. Montesquieu schreibt allerdings, »la liberté ne peut consister qu'à pouvoir faire ce que l'on *doit* vouloir, et à n'être point contraint de faire ce que l'on ne *doit* pas vouloir« (Hervorhebung M.H.). Das imperative »sollen« bei Montesquieu gerät Forsthoff in der Übersetzung zum laissez-faire-liberalen »dürfen« und hindert so den Leser der Übersetzung daran, die Pointe des Satzes wahrzunehmen.

Beachtet man, daß das Wissen um Recht und Billigkeit mittels der Vernunft den Menschen vorschreibt, was sie tun bzw. was sie unterlassen sollen, so wird plausibel, daß es Montesquieu darum geht, deutlich zu machen, daß freiheitliche Gesetze den Menschen erlauben sollen, ihren Tätigkeiten und Verpflichtungen als Bürger in Gesellschaft aus eigenem Antrieb nachzukommen und sie nicht unzumutbaren willkürlichen Regulierungen auszusetzen.

In den *Pensées* formuliert der Autor des *Esprit des Lois* diesen Entwurf freier bürgerlicher Existenz. Er schreibt nach einer Schilderung der entfesselten Handlungen der Spanier in ihren Kolonien, ihrer Grausamkeiten und ihrer Habsucht (P: M 1268; C 617) über den bürgerlichen Geist (l'esprit du citoyen), der – ob in der Monarchie oder in der Republik – von Ordnungsliebe und Gesetzestreue und nicht von Eroberungswut und Habgier geprägt ist. »Es ist bürgerlicher Geist, mit Eifer, mit Vergnügen und mit Befriedigung jene Art von Amt auszuüben, die jedermann im politischen Körper anvertraut ist: denn es gibt keinen, der nicht am Regierungsprozeß (gouvernement) teilnimmt, sei es in seiner Beschäftigung, sei es in seiner Familie, sei es in der Verwaltung seiner Güter.« (P: M 1269; C 618) So verstandene Freiheit verbindet die jeweiligen Amtsaufgaben, die Bürgerpflichten und die Befolgung von Gesetzen zu einer Einheit, wenn diese nur wohl organisiert und vom rechten Verständnis der Freien geprägt sind. Montesquieu erklärt dieses Freiheitsverständnis an der wohlgeordneten demokratischen Republik: »Der Unterschied zwischen einer gut verfaßten und einer schlecht geordneten Demokratie besteht darin, daß man in jener nur als Bürger, in dieser aber auch als Beamter, Senator, Richter, Vater, Ehemann und Herr gleich ist. Der natürliche Platz der Tugend ist bei der Freiheit, aber in einer übertriebenen Freiheit findet sie sich so wenig wie in der Knechtschaft.« (EL VIII, 3) Die Bürger müssen ihren verschiedenen und ungleichen Aufgaben, Funktionen und Amtspflichten nachkommen, und sie sollen dazu auch ermächtigt sein. Montesquieu beharrt auf der Teilung der Aufgaben und der Verteilung der Pflichten; Freiheit muß organisiert werden, sie bedarf einer festgefügten Verfassung, der Gesetze, der Gewohnheiten, des Selbstbewußtseins der Bürger und der Mäßigung.

Ein weiteres kommt noch hinzu: Religion, öffentliche Angelegenheiten, das Völkerrecht, das Privatleben und beispielsweise die Wirtschaft sind verschiedene Bereiche menschlicher Aktivität. Diese verschiedenen Bereiche hängen zwar zusammen und bedingen einander, aber sachlich folgen sie verschiedenen Gesetzmäßigkeiten, sie müssen deswegen auch rechtlich voneinander getrennt werden.

Es macht keinen Sinn und führt nicht zu Gerechtigkeit und Freiheit, wenn die Regeln internationaler Konfliktaustragung auf innerstaatliche Rechtsstreite übertragen werden; und es ist beispielsweise schädlich für die Freiheit, wenn kirchliche Moralvorstellungen mittels der Strafgesetze durchgesetzt werden. Die Ziele der Regelungen müssen innerhalb des jeweiligen Bereichs gesichert werden. Diejenigen, die sie verfolgen, dürfen sich nicht der Mittel anderer Bereiche – also in den angeführten Beispielen der Gewalt oder staatlicher Machtmittel – bedienen, um ihre Vorstellungen durchzusetzen. Nur wenn dies ausgeschlossen ist, können die Bürger in Sicherheit leben, die Voraussetzung für ihre Freiheit ist. (EL XXVI)

Wo immer die Bereiche vermischt werden oder die Regeln des einen auf einen anderen übertragen werden, ist die Freiheit bedroht. Denn so sehr die einzelnen Bereiche miteinander zusammenhängen und miteinander verbunden sind, so sehr erfordert die Natur der Sache die richtige Gestaltung der Beziehungen, die Berücksichtigung der Eigengesetzlichkeit der einzelnen Bereiche nach den Imperativen der Vernunft.

Dies alles gilt für Gesetze und innere Ordnung eines Landes ganz unabhängig vom Regimetyp. Denn, so erklärt Montesquieu, politische Freiheit »ist vom Thron nicht entfernter als von einem Senat« (P: M 884; C 631). Auch Republiken können das Ziel der Freiheit verfehlen, wenn die Aktivbürger ihre Macht und ihre Rechte zu entscheiden mit der gebundenen Freiheit verwechseln, um die es Montesquieu zu tun ist. (EL XI, 2 und 4) In den Republiken wie in den Monarchien wird dann und nur dann Freiheit von der Verfassung ermöglicht, wenn sie gemäßigt sind, d. h. wenn der Mißbrauch der Macht durch dem Regimetypus entsprechende Mittel verhindert wird.

Montesquieu verdeutlicht sehr genau, was er damit meint: Niemand darf in einer freiheitlichen Verfassung willkürlichen Entscheidungen und Zumutungen von öffentlichen Amtsinhabern ausgeliefert sein, ob es sich dabei um Vertreter der Mehrheitsparteien in Republiken oder um königliche Beamte handelt. Eine freiheitliche Verfassung »kann so gestaltet sein, daß niemand gezwungen wird, Dinge zu tun, zu denen ihn das Gesetz nicht verpflichtet oder Handlungen zu unterlassen, die das Gesetz ihm erlaubt« (EL XI, 4).

Die Verfassung der Freiheit muß also Vorsorge treffen, um die Bürger vor der Willkür der Beamten zu schützen. Dies geschieht durch Verteilung der Macht und durch die gegenseitige Kontrolle der Amtsinhaber. So werden die notwendigen Bedingungen für die Freiheit der Bürger geschaffen, soweit diese von der Verfassung abhängt. Die Verfassung aber bildet sozusagen den äußeren Rahmen. Sie ist nur eine Bedingung der Freiheit. Sie sichert die Ordnung, die durch die einfachen Gesetze gegeben ist, innerhalb derer die Bürger leben und handeln.

Anscheinend gibt es also eine gute, richtig geordnete Gesellschaft, in der die Handlungsbereiche im rechten Verhältnis zueinander stehend ein Höchstmaß an Gesetzlichkeit, Vernunft und Freiheit für die Bürger garantieren.

In der Tat besteht diese Möglichkeit als vages, nur in wenigen Andeutungen konkretisiertes Paradigma richtiger Ordnung im Bewußtsein Montesquieus, von dem seine Analysen und Urteile, seine Materialauswahl und seine Ordnung der Darstellung durchdrungen sind. Aber das Werk und Denken Montesquieus zielt auf anderes als den Entwurf oder die Ausarbeitung einer idealen politischen Ordnung, in der Vernunft, Freiheit und Gerechtigkeit das Zusammenleben der Menschen bestimmen. Sein Untersuchungsgegenstand ist nicht allein die Freiheit; ihn beschäftigen die Gründe für Unfreiheit und für die Verschiedenheit der vielen politischen und gesellschaftlichen Ordnungen der Erde ebenso wie die Frage, was die historischen Bedingungen waren, die gerade Europa zu einem Ort machten, in dem die Freiheit die größte Chance der Durchsetzung hatte.

3. Die Entsouveränisierung der Macht

> Es ist leicht zu erkennen, daß es ohne gemeinsame
> Überzeugungen keine blühende Gesellschaft gibt [...]
> denn ohne gemeinsame Ideen gibt es kein
> gemeinsames Handeln, und ohne gemeinsames
> Handeln gibt es zwar Menschen, aber keinen
> sozialen Körper.
> ALEXIS DE TOCQUEVILLE

In seinen Betrachtungen über den Reichtum Spaniens [22] zeigt
Montesquieu, daß die merkantilistische Überzeugung vom ange-
häuften Gold als Basis der Macht falsch ist. Spanien, das in Amerika brutale Unterdrückung und Sklaverei nutzte, um Gold in
den Fürstenschatz zu scheffeln, hat sich mit dieser Methode
geschädigt. Inflation als Folge des massiven Importes des Zah-
lungsmittels Gold hat im Gegenteil die Sitten und Gewohnheiten
Spaniens herunterkommen lassen, das zudem durch Sklaverei
und Kolonialismus außer sich geriet. So haben die Spanier ihr
eigenes Land des Fleißes und der Arbeit seiner Bürger beraubt
und es in dem Bestreben, Spanien mächtig zu machen, entvölkert
und ruiniert. Auch die Versuche Ludwigs XIV., Frankreich durch
Kriege mit den Nachbarn zum Zentrum der Macht zu machen,
haben die Macht dieses Landes nicht vergrößert. [23] Die Macht
gründet nicht auf einem großen Staatsschatz oder auf der Fähigkeit, Krieg zu führen. Es gibt moralische oder psychische Bedingungen, die Macht und Größe eines Volkes oder eines
Herrscherhauses bewirken. (C XVIII, 173) Die Macht hat keine
Ursache, sie liegt in der Organisation einer politischen Gesellschaft selbst begründet, in ihren Sitten, in der Gültigkeit ihrer
Gesetze, in ihren Institutionen, in der Verfassung. Sie liegt in der
Harmonie, in der sich diese Elemente zueinander befinden müs-

sen. Diese Harmonie, die Konflikte und Reibungen nicht ausschließt, wird bestimmt vom »angegebenen Ton«, von den Meinungen, Leidenschaften und Gewohnheiten, die die Gesellschaft prägen. »Es gibt in jeder Nation einen allgemeinen Geist, auf dem die Macht selbst begründet ist. Wenn die Macht diesen erschüttert, erschüttert sie sich selbst.« (C XXII, 203)

Alle Regierungsformen haben die Tendenz, sich selbst zu erhalten. Eine einzige Regierungsform aber, so erklärt Montesquieu im *Esprit des Lois*, ist von dieser allgemeinen Regel ausgenommen: Die Despotien zerstören sich selbst. Nur besondere Umstände und Gegebenheiten, die eigentlich im Widerspruch zu dieser Regierungsform stehen, können sie dazu zwingen, »eine gewisse Ordnung einzuhalten und gewisse Regeln zu ertragen«, um so wenigstens eine Zeitlang zu bestehen. Scheinbar eher beiläufig und mehr um der Vollständigkeit willen nimmt Montesquieu mit dieser Bemerkung den Despotismus in die Untersuchung der Gründe für den Zerfall politischer Gesellschaften auf. (EL VIII) Sucht man allerdings diese besonderen Umstände und Gegebenheiten, die ursächlich für den Fortbestand einer Despotie sind, so findet man, daß diese »causes accidentielles«, von denen Montesquieu spricht, nichts anderes sind als eine rudimentäre Aufzählung jener Faktoren, die im Buch XIX des *Esprit des Lois* als die hauptsächlichen Wirkungsfaktoren für die Bildung des »esprit général«, der Geisteshaltung eines Volkes, genannt werden. Eine despotische Verfassung kann sich, so schreibt Montesquieu, nur erhalten, »wenn sich aus dem Klima, der Religion, der Lage oder der Kenntnisse des Volkes ergebende Umstände« den Despotismus an seiner vollen Entfaltung hindern. (EL VIII, 10)

Ergänzt wird diese Aufzählung dann im angesprochenen Buch XIX, wo er erklärt, es werde schnell zu einer Revolution kommen, sollte es einer despotischen Regierung einfallen, die »mœurs und manières« ändern zu wollen. (EL XIX, 12)

Bei den »mœurs«, die in den deutschen Übersetzungen meist mit »Sitten« wiedergegeben werden, handelt es sich um jene handlungsbestimmenden Elemente, die im Bewußtsein der Bürger als Güter oder Werte bestehen und die im äußeren Verhalten der »manières« sichtbar werden. »Der Unterschied zwischen den mœurs und den manières ist der, daß die ersteren das innere Verhalten, die anderen das äußere betreffen«, schreibt er seine Begriffe erklärend. (EL XIX, 16) Es wird deutlich, daß Montesquieu mit »esprit général« und »mœurs et manières« die vorkonstitutionellen Gegebenheiten einer Gesellschaft bezeichnet, die einmal der politischen Gestaltung gar nicht oder nur sehr wenig zugänglich sind, die aber zum anderen den eigentlichen Ursprung der Macht der politischen Institutionen darstellen.

Unter diesem Aspekt erweist sich der Despotismus deswegen als eine besonders gefährdete Regierungsweise, weil er, ohne stabile und unveränderliche Verfassungsregeln regierend, die Gesetze durch willkürliche Willensbekundungen des Despoten ersetzt. So bleiben bei ihm als einzige Stabilisierungsfaktoren die im »reinen Modell« des Despotismus gar nicht vorgesehenen vorkonstitutionellen Gegebenheiten der Gesellschaft. Denn die Furcht, die die Regierenden in der Despotie in den Ämtern schützt und die auch die Regierenden selbst beherrscht, läßt die Menschen nur reagieren und zwingt sie in ein abgeschlossenes Privatleben, das vom Herrschaftsapparat des Despoten, seines Hofes und der Satrapen isoliert ist. Gibt es hier keine vor- und extrakonstitutionellen Faktoren, die die Gesellschaft stabilisieren, so zerfällt die Gesellschaft und damit auch die Macht der Herrschenden.

Am Sonderfall des Despotismus wird deutlich, daß politische Macht für Montesquieu nur im vorsichtigen Zusammenklang von Politik und Gesellschaft ausgeübt werden kann. Sie verschwindet tendenziell durch die Konzentration in der herrschenden Schicht und ihre Isolierung von der Gesellschaft. Macht wird im Despotismus nicht, wie man geneigt wäre anzunehmen, gesteigert und vergrößert, sondern zerstört.

Wir stoßen hier auf ein Verständnis politischer Macht und politischen Handelns, das unserem gängigen Verständnis widerspricht und das einer genaueren Untersuchung bedarf.

Macht ist für Montesquieu nicht souverän *über* der Gesellschaft angesiedelt, und die Bürger sind den Mächtigen nicht vollkommen unterworfen, sie konstituieren diese Macht vielmehr. Selbst in den Despotien sind die Gewohnheiten, Sitten und religiösen Überzeugungen des Volkes Basis der Ordnung. Sie stellen damit eine unüberwindliche Schranke für den Herrscher dar: Dieser mag über den Gesetzen stehen, die Gewohnheiten und Überzeugungen des Volkes, das er beherrscht, beschränken seine Macht (EL XII, 19), die es ohne diese Sitten nicht gibt. In den gemäßigten Regimen ist politische Macht noch stärker durch die »rapports«, die Beziehungen von Regierenden und Bürgern geprägt. Die Bürger aber sind nicht eine unstrukturierte Masse von einzelnen, sondern ein gesellschaftlich und politisch durchorganisiertes Ganzes. Die Formen der Selbstorganisation der Bürger und ihre politische Repräsentation – sei es im Parlament englischer Prägung, sei es in den regionalen »parlements«, sei es in den Ständen, sei es in der Ämterordnung Roms – stellen mächtige bremsende und mäßigende Gegengewichte gegen die Macht des Fürsten, der Konsuln, des Königs oder eines Senats dar[24]: nicht weil sie Gegen-Gewichte sind, sondern weil sie den Willen der einzelnen Mächtigen gleichsam ent-souveränisieren, ihn nämlich nötigen, nur durch Gesetze und unter Respektierung von »esprit général« und »mœurs et manières« zu entscheiden. So bleibt die Macht im durchstrukturierten und gesellschaftlich-politisch verfaßten Volk, und nur die Entscheidungskompetenzen fallen an die Amtsinhaber. Soweit diese sich im Kontext des »angegebenen Tons« bewegen, sind sie mächtig – nämlich *in* der Verfassung, *im* Volk, *in* Gesellschaft. Freies Handeln besteht nicht darin, Abstand zu nehmen und aus souveräner Distanz den anderen seinen Willen aufzuzwingen, sondern im Wirken unter und mit den anderen. »Um große Dinge zu tun, muß man kein großes Genie sein: man muß nicht über den Menschen stehen, man muß mit ihnen sein.« (P: M 1083; C 1224)

So ist die Kritik Montesquieus an Hobbes in erster Linie eine Kritik an dessen Konzeption einer souveränen Macht, die über der Gesellschaft angesiedelt diese ordnet, regiert und beherrscht. Der Gedanke eines Vertrages, durch den eine Gesellschaft überhaupt erst konstituiert würde, sei an sich unsinnig. Die Menschen sind immer schon Menschen in Gesellschaft, und sie können die Rechte, die sich aus ihrer Gesellschaftlichkeit ergeben, durch keinen Vertrag an einen dadurch souverän werdenden Herrscher abgeben. »Verwirft man aber diese Idee, ein ›natürliches‹ Gesetz könne von den Menschen verlangen, daß sie sich von ihren ›natürlichen‹ Rechten trennen«, folgert Georges Benrekassa, »dann muß man zweifellos die Idee einer Gesellschaftlichkeit des Menschen akzeptieren, die der Natur keine Gewalt antut.« [25]

Die Gesellschaft ist eben kein künstliches Werk der Menschen, das durch ihre Entscheidungen oder durch Verträge erst ins Leben gerufen würde. Die Menschen sind nach Montesquieus Auffassung natürlicherweise Gesellschaftswesen, und daraus ergibt sich, daß natürliche Gesetze die richtigen Beziehungen der Menschen zueinander vorgeben. Es kommt darauf an, diese Gesetze zu erkennen und sie zu positiven Gesetzen zu machen. (EL I, 1-3) Da es sich hierbei einerseits um ein Problem des Erkennens handelt, ist die menschliche Vernunft gefordert. »Das Gesetz im allgemeinen« ist also »die menschliche Vernunft, soweit sie alle Völker der Erde regiert«, und die konkreten politischen und zivilen Gesetze jeder Nation »dürfen nur die besonderen Anwendungsfälle dieser menschlichen Vernunft sein« (EL I, 3). Aber die Nationen und

Völker leben andererseits nicht im luftleeren Raum abstrakter Spekulation. Die Bedingungen, innerhalb derer sie sich organisieren, sind verschieden. Auch die Vernunft ist nicht so souverän, daß sie diese Verschiedenheiten zu überwinden vermöchte; im Gegenteil, sie muß diese Verschiedenheiten berücksichtigen und die Beziehungen der Menschen unter der Herrschaft von Geographie, Klima, Geschichte und Verfassung beachten. Die Gesetze müssen also »dem Volk, für das sie geschaffen sind, so genau angepaßt sein, daß es ein großer Zufall wäre, wenn sie auch einem anderen Volk angemessen wären« (EL I, 3).

Mit diesen Überlegungen eröffnet sich Montesquieu das reichhaltige Material der verschiedenen Gesellschaften, deren Unterschiede und Ähnlichkeiten sowie deren Besonderheiten. Und dies ist das Zentrum seiner fragenden Analysen: Er sucht nach den guten, d.h. einsehbaren Gründen für diese Unterschiede und Ähnlichkeiten der Gesellschaften. Diejenigen, »die behauptet haben, ein blindes Schicksal habe all das hervorgebracht, was wir in der Welt beobachten, haben eine große Absurdität ausgesprochen« (EL I, 1).

Auch wenn der Zufall bei der Bildung der verschiedenen Formen und Arten des Zusammenlebens eine Rolle spielte, waren doch immer gute Gründe für bestimmte Regelungen vorhanden, sonst hätten die Gründer einer Gesellschaft oder einer besonderen Einrichtung sich nicht auf diese geeinigt. (P: M 1267; C 616) Jenseits der einzelnen Ereignisse gibt es zwar eine Kontinuität gleichbleibender Ursachen: die unveränderlichen Leidenschaften der Menschen (C I, 71), aber die Faktoren, die zur Bildung von Einzelregelungen, zu den Denkweisen der Bürger, zu ihrem Selbstverständnis, ihren Gewohnheiten, Gesetzen, Institutionen und Verfassungen führen, sind eben auch besondere geschichtliche Ereignisse und natürliche Gegebenheiten der Topographie und des Klimas. Diese wiederum wirken sich auf die Ziele der Leidenschaften, auf die Organisationsformen der Gesellschaft oder auf die Frage, welche Religion angenommen wird, aus. Diesen gesamten gesellschaftlichen Prozeß einander beeinflussender Faktoren und Funktionen versteht Montesquieu nicht entsprechend den Grundsätzen von Ursache und Wirkung, sondern eher als ein aufeinander einwirkendes Geflecht von Beziehungen. Wenn ein Faktor im Geflecht sich verändert, verändern sich notwendigerweise auch andere und wieder andere und so fort. Er schreibt: »Verschiedene Dinge beherrschen die Menschen: Klima, Religion, Grundsätze der Regierung, Vorbilder der Vergangenheit, Gewohnheiten und Gebräuche, und daraus entspringt und formt sich die Geisteshaltung des Volkes. Je stärker in einem Volk einer dieser Gründe wirkt, um so mehr treten die anderen zurück.« (EL XIX, 4)

Es ist nicht ohne Interesse zu verfolgen, wie die These Montesquieus vom »esprit général«, der im obigen Zitat aus dem *Esprit des Lois* von Forsthoff mit dem Ausdruck »Geisteshaltung« recht treffend übersetzt ist, schrittweise entsteht. Beugt dies doch vorschnellen Vorstellungen von im Gemüt Montesquieus wimmelnden Volksgeistern oder ähnlichem Unsinn vor.

In einer ersten Notiz findet sich der Gedanke ohne die Bezeichnung »esprit général« sowie ohne die Faktoren »Klima« und »Vorbilder der Vergangenheit« schon fast vollständig ausformuliert. (P: M 542; C 645) Dort heißt es anschließend: »Diese Dinge befinden sich untereinander in einer Wechselbeziehung. Wenn man eines ändert, folgen die anderen nur langsam; dies führt überall zu einer Art Dissonanz.« In einer späteren Gedankennotiz (P: M 854; C 1903) tritt dann das Klima als Faktor zum ersten Mal auf, und es heißt danach: »In dem Maße, in dem eine der Ursachen kräftiger wirkt, treten die anderen mehr in den Hintergrund«, und: »Das Klima beherrscht nahezu allein die Wilden«, in China herrschten die Gebräuche, die Gesetze tyrannisierten Japan, und so wird jeder Kultur ein dominierender Faktor zugeordnet. Die endgültige Formulierung im *Esprit des Lois* enthält dann als weiteren Faktor die »Vorbilder der Vergangenheit«, und es werden alle Faktoren in allgemeiner Interdependenz vorgestellt, bevor die Hauptfaktoren für einzelne Kulturen genannt werden. Von einer Determinierung der Gesellschaften durch Geographie oder Klima kann also nicht die Rede sein. Montesquieu hat dies weder gesagt noch gedacht. Denn, wie er im *Essay über die Ursachen, die Charakter und Geist beeinflussen können* schreibt, vermögen die Vernunft der Menschen und die Weisheit der Gesetzgeber auch gegen die natürlichen Faktoren erfolgreich anzugehen. »Die geistig-moralischen Gründe formen den allgemeinen Charakter einer Nation stärker und entscheiden mehr über die Eigenart ihres Geistes als die physikalischen Gründe.« [26]

Nach Darstellung seiner uns heute naiv anmutenden materialistischen Theorie, die die größere Aktivität der Völker des klimatisch kühlen Nordens durch Blutdicke und Sehnenspannung erklärt, schreibt er über die Völker, die in heißen Zonen leben: »Wie eine gute Erziehung für Kinder notwendiger ist als für die, deren Geist ausgereift ist, so bedürfen die Völker in derartigem Klima in stärkerem Maße eines weisen Gesetzgebers als die Völker unserer Klimazone.« Je leichter das Klima wirken könne, um so wichtiger sei es, auf die rechte Weise geprägt zu sein, das heiße: »nicht Opfer von Vorurteilen zu sein und von der Vernunft geleitet zu werden« (EL XIV, 3).

Dies bedeutet natürlich nicht, daß die Vernunft die Menschen in einer Gesellschaft aus den bestehenden besonderen Bedingungen völlig herausreißen kann. Im Gegenteil, Montesquieu rät den Regierenden, der bestehenden Geisteshaltung eines Volkes, wenn sie nur nicht den Prinzipien der Verfassung widerspricht, zu folgen. (EL XIX, 5)

In all diesen Überlegungen rückt er das zweite Element unserer

Natur stärker in den Vordergrund: Zur Natur des Menschen gehört neben seiner Fähigkeit zur Vernunft auch, daß er in einer bestimmten Gesellschaft mit einer bestimmten Geschichte lebt. Die Menschen nehmen dann natürlich vieles als fraglos gegeben hin, was in anderen Gesellschaften als problematisch empfunden würde.

Will man eine Gesellschaft nicht zerstören, muß man ihre Gegebenheiten zuerst einmal akzeptieren. Nicht als fatale Unveränderlichkeiten, aber doch als vorgegebene Realität, innerhalb derer man handeln will. Ein Mächtiger ist gut beraten, wenn er die Gesellschaft, die ihn mächtig macht, nicht als Gegenstand seiner Willkür, sondern als Gegebenheit versteht, in der er mächtig ist. Möchte ihn doch sonst diese Gesellschaft leicht abstoßen wie einen Fremdkörper, der nach anderen Prinzipien agiert als denen, die die Gesellschaft wesentlich konstituieren. Deswegen müssen die Gesetze »der Natur des Landes entsprechen, seinem kalten, heißen oder gemäßigten Klima, der Beschaffenheit des Bodens, seiner Lage und Größe, der Lebensweise der Völker, ob Ackerbauer, Jäger oder Hirten. Sie müssen dem Grad von Freiheit entsprechen, der sich mit der Verfassung verträgt; der Religion der Bewohner, ihren Neigungen, ihrem Reichtum, ihrer Zahl, ihrem Handel, ihren Sitten und Gebräuchen.« (EL I, 3)

Das alles klingt relativistisch und wird auch oft und gern so interpretiert. Man tut so, als entwickle Montesquieu über die beschriebenen Zusammenhänge hinaus keine allgemeinen Kriterien für die Gesetze und ihre Qualität, als sei die Erklärung schon eine hinreichende Begründung oder gar eine Rechtfertigung des jeweils bestehenden Zustandes, der nur nach seinen eigenen Gesetzmäßigkeiten beurteilt werden könne. Mir scheinen dies vorschnelle Interpretationen, die dem Sinn und Grund der Überlegungen Montesquieus zu wenig Beachtung schenken. Es liegt doch auf der Hand, daß die Traditionen, das Selbstverständnis, die

Verhaltensweisen, die geographischen Bedingungen, der Wissensstand der Bürger und etwa die institutionellen Regelungen einer konkreten Gesellschaft nicht beliebig zur Verfügung der jeweils Regierenden stehen. Eine politische Gesellschaft gleich welcher Provenienz läßt sich nicht beliebig vom Schreibtisch oder vom Palast eines Herrschers aus gestalten; wer dies versuchte, wird leicht mehr Unheil anrichten und eher scheitern als ein vorsichtiger Reformer, der mit praktischer Klugheit und Zurückhaltung agiert.

Montesquieu plädiert für Vorsicht und Zurückhaltung: »Wenn eine Verfassung eine seit langem bestehende Form hat und die Angelegenheiten in einer bestimmten Lage festgelegt sind, ist es fast immer klug, sie so zu belassen. Denn die Gründe – oft kompliziert und unbekannt – die bewirken, daß ein derartiger Staat weiterbestanden hat, erhalten ihn weiter. Wenn man das ganze System ändert, kann man nur die Schwierigkeiten, die sich in der Theorie zeigen, heilen, aber man vernachlässigt andere, die nur durch die Praxis entdeckt werden können.« (C XVII, 168)

Man muß diese Sätze genau lesen. Montesquieu sagt, daß es »fast immer« klug sei, es beim tradierten Status zu belassen, und er spricht von einer Änderung des ganzen Systems. Seine Worte enthalten die Behauptung, daß es oft gar nicht möglich ist, ernsthafte Veränderungen zum Guten zu erreichen. Hat eine Gesellschaft einen bestimmten Grad von Korruption erreicht wie Rom am Ende der Republik, dann kann man zwar einen Tyrannen ermorden, aber es ist unmöglich, und darauf weist Montesquieu auch in den *Considérations* hin, die Republik wiederherzustellen. Man ersetzt nur einen Tyrannen durch einen anderen. (EL III, 3) Wenn eine Gesellschaft unter einer langdauernden Despotie lethargisch geworden ist, kann ein Wechsel des Herrschers nur wenig bewirken.

»Fast immer« heißt zudem nicht »immer«. Das Drängen, der

Kampf um die Beachtung natürlicher Rechte kann politisch auch sinnvoll sein. Die Menschen und ihre Gesellschaften sind so sehr durch Gewöhnung und Praxis geformt, daß die Betonung natürlicher Rechte und der Kampf um diese Rechte zumindest dann geboten sind, wenn so die Offenheit der politischen Entwicklung sichergestellt wird. »Der Mensch, dieses biegsame Wesen, das sich in Gesellschaft den Gedanken und dem Einfluß der anderen beugt, ist gleichermaßen dazu fähig, seine eigene Natur zu erkennen, wenn man sie ihm zeigt, wie er sie – verbiegt man ihn – so weit verlieren kann, daß er keine Empfindung mehr für sie hat.« (Vorwort zu EL) Das größte Übel wäre demnach eine alle umfassende Tyrannis, der dann keine sichtbare Alternative mehr gegenüberstünde. »Es macht keinen Sinn zu wollen, daß die Autorität des Fürsten, aber nicht die der Gesetze heilig sei.

Ein Bürgerkrieg entsteht, weil die Untertanen dem Fürsten Widerstand leisten oder weil der Fürst seinen Untertanen Gewalt antut. Das eine wie das andere ist Gewalt von außen.

Aber, so wird man einwenden, es geht nicht um die Rechte der Völker, das Unglück eines Bürgerkrieges ist so groß, daß es nützlich ist, ihn nie zu entfesseln. Wie kann man derartiges behaupten«, fragt Montesquieu. »Die Fürsten sind sterblich; die Republik ist ewig. Die Herrschaft jener ist vergänglich, der Gehorsam in der Republik endet nie. Es gibt also kein Übel, das größer wäre und schlimmere Folgen hätte als die Hinnahme einer Tyrannis, die diese in die Zukunft verewigt.« (P: M 1252; C 603)

Für die Alltagspolitik wie für Reformen weitergehender Art allerdings ist Vorsicht geboten und große Rücksichtnahme auf den Geist und die Traditionen einer Gesellschaft. In aller Regel ist es die Aufgabe des Gesetzgebers, sich dem Geist des Volkes anzupassen, wenn dieser nicht den Regierungsgrundsätzen widerspricht. (EL XIX, 5) Schrittweises und bedächtiges Verändern ist allemal klüger als der große revolutionäre Wurf, der letztlich das Volk entmündigt und nur von einer vom Volk losgelösten Regierung – also einer Tyrannis – geleistet werden kann. Deswegen muß eine gute Verfassung auch vorsehen, daß sie selbst und die Grundgesetze geändert werden können. (P: M 1267; C 616) »Aber der Fall ist selten, und wenn er eintritt, darf man nur mit zitternder Hand darangehen.« (LP CXXIX, 323)

Es wird deutlich, was Montesquieus Betonung des »esprit général«, des allgemeinen Geistes eines Volkes, bezweckt. Im »esprit général« eines Volkes werden die Grenzen der Machbarkeit und des politisch Möglichen erkennbar. Seine Betonung soll dem Größenwahn und den Allmachtsträumen von Herrschern wie Völkern ihre Grenzen aufzeigen und bewußt machen, daß alle Menschen in Gesellschaft und daß auch Regierende nicht souverän über der Gesellschaft leben und handeln. »Wir sind für ein mittleres Maß geboren«, läßt Montesquieu Eucrates dem Sulla entgegenhalten, der durch eine gewaltsame Radikalreform die Republik in Rom wiederherstellen wollte. »Es ist für die anderen zu teuer, daß ein Mensch über der Menschheit sei.« [27] Sulla aber ist gescheitert. Er richtete fürchterliche Verheerungen an und konnte doch die Republik nicht retten. Selbst der heruntergekommene »esprit général« des römischen Volkes, der nach Errichtung des Weltreiches dieses nun ruinierte, erwies sich als stärker als alle blutrünstigen Schreckenstaten des vermeintlichen Retters der Republik.

Bei dem, was Montesquieu den »allgemeinen Geist« eines Volkes nennt, handelt es sich nicht um eine völlige Determination einer politischen Gesellschaft, wohl aber um eine Grenze fürs politische Handeln. Die Freiheit zum Handeln entpuppt sich, da sie in Gesellschaft praktiziert wird, als das Gegenteil der »Souveränität« eines Gewalthabers. So liegt dem politischen Denken Montesquieus nahezu durchgehend eine Theorie des Handelns und politischer Macht zugrunde, die im Gegensatz und zum Teil in bewußtem Widerspruch zum Konzept der absoluten Monarchie und zum Despotismus entwickelt wurde. Für Montesquieu bedeutet die Vorstellung einer souveränen Macht, die über der Gesellschaft angesiedelt diese in Ordnung hält, nicht nur das Ergebnis eines sittenwidrigen Gesellschaftsvertrages. Er kommt darüber hinaus auch zu dem Schluß, daß es den Typus von Regierung, den etwa Thomas Hobbes für erstrebenswert und sinnvoll hält, nämlich das absolute Königtum im wahren Sinne dieses Wortes, nicht geben kann. Es gibt keine Herrschaft, die tatsächlich von den bestehenden Gegebenheiten, Gewohnheiten, Denkweisen und Gesetzen losgelöst regieren kann.

4. Die Last der Tugend — Die Prinzipien

Da es mehrere Formen der Verfassung
des Staates gibt, so kann offenbar
die Tugend des tüchtigen Bürgers
nicht eine einzige und nicht
die vollkommene Tugend sein.
ARISTOTELES

Die Einteilung der Verfassungen, die Montesquieu vornimmt, wird in der Literatur oft mit der großen Tradition der Lehre von den politischen Ordnungsformen verglichen. In der Tat läßt sich eine klassische Unterteilung und Qualifikation verschiedener Verfassungen bis zu Herodot zurückverfolgen. Platon, Aristoteles, Machiavelli und ihre Nachfolger unterscheiden zwischen Verfassungstypen monarchischer, aristokratischer und demokratischer Provenienz und untersuchen diese Regierungstypen sowie ihre Verfalls- oder Korruptionsformen.

Es ist auffällig, daß Montesquieu dieser Unterteilung nicht folgt, und dies wird immer wieder mit Indignation bemerkt. Diese Indignation ist durchaus unbegründet. Montesquieus Unternehmen zielt nicht auf eine klassifizierende Beschreibung aller möglichen Verfassungen. Seine Unterteilung, die zwischen Monarchien, Republiken und despotischen Herrschaften trennt, hat einen anderen Sinn. Spätestens bei der Beobachtung, daß Montesquieu die Republiken gemeinsam untersucht und diese nur akzidentiell in Aristokratien und Demokratien scheidet, fällt dem Leser, der nicht nur nach der Fortschreibung von Traditionen sucht, auf, daß diese beiden traditionell unterschiedenen Verfassungstypen nach Montesquieu ein Gemeinsames haben: ihr Prinzip. Die Klassifizierung der Regime, die Montesquieu vornimmt, ist geleitet von seiner Entdeckung eben der Prinzipien, von denen er erklärt, daß sie das ordnende Kriterium des untersuchten Materials im gesamten Werk *De L'Esprit des Lois* sind. »Ich habe die Prinzipien entwickelt und ich sah, wie die einzelnen Fälle sich wie von selbst einfügen, wie die Geschichten aller Nationen nur ihre Konsequenzen sind, wie jedes einzelne Gesetz mit einem anderen verbunden ist oder von einem allgemeineren abhängt.« (EL, Vorwort) Worüber Montesquieu unter der Bezeichnung »Prinzipien« spricht, ist in der Tat ein völlig anders geartetes Unterscheidungsmerkmal von politischen Gesellschaften als das auch in der heutigen Zeit übliche der Verfassungsstrukturen, der Organisationsformen oder anderer quantitativer, qualitativer und institutioneller Kriterien.

Die Vielzahl und die Verschiedenartigkeit der Verfassungen erlauben nach Montesquieu auf der Ebene der klassischen Dreiteilung keine sinnvollen Unterscheidungen und auch kein Urteil. »Mehrere Menschen haben untersucht, ob die Monarchie, die Aristokratie oder der Volksstaat das bessere sei«, beobachtet er, »aber da es ja eine Unzahl von Arten von Monarchien, von Aristokratien und von Volksstaaten gibt, ist die so gestellte Frage dermaßen vage, daß man schon wenig Logik haben darf, um sie zu behandeln.« (P: M 942; C 1788) Der Baron de La Brède fragt zwar in seinen Untersuchungen auch nach institutionellen und quantitativ darstellbaren Eigenarten der Gesellschaften, die er analysiert oder als Beispiele heranzieht. Sein Hauptinteresse aber gilt nicht diesen Eigenarten. Seine Zentralfrage, die schon die Untersuchungen der *Considérations sur les Causes de la Grandeur des Romains et de leur Décadence* prägt und die im Werk *De L'Esprit des Lois* dann allgemeiner herausgearbeitet wird, ist andersgeartet.

Wie kommt es, fragt Montesquieu, daß unter den verschiedenen Verfassungsordnungen die Bürger und Einwohner zusammenarbeiten, ihre Konflikte friedlich oder weniger friedlich –

aber jedenfalls ohne die Ordnung zu zerstören — austragen können? Was sind die Bedingungen oder Ursachen, die gegeben sein
müssen, damit die Effizienz der Institutionen und die Autorität
der Amtsinhaber Konflikte, Reibungen und neue Aufgaben oder
Probleme zu bewältigen erlauben? Was hält die politischen
Gesellschaften eigentlich zusammen? Warum erfahren sich die
Bürger in einer bestimmten Gesellschaft als Bürger? Warum nehmen sie die Institutionen als ihre und die Amtsinhaber als ihre
Repräsentanten wahr? Diese Fragen, das ist zweifellos richtig,
sind nicht neu. Die Fragen nach dem Legitimationsgrund gesellschaftlicher und politischer Institutionen und Repräsentanten
sind so alt wie die Analyse von Gesellschaften überhaupt. Die
Antwort Montesquieus allerdings und das Gewicht, mit dem er
diese ins Zentrum seiner Untersuchungen stellt, unterscheiden
ihn von allen Vorgängern und vielen Späteren.

Montesquieu beobachtet, daß unter verschiedenen Verfassungen jeweils unterschiedliche menschliche Handlungsmotive,
Bestrebungen oder Leidenschaften der am gesellschaftlichen und
politischen Prozeß Beteiligten vorherrschend sind und daß dies
auch um des Funktionierens der Gesellschaften willen so sein
muß. Diese Leidenschaften oder Motive — die Prinzipien —
bestimmen das Handeln der Bürger, das Arbeiten der Institutionen und des Herrschaftsapparates. Sie sind die Essenz der politischen Gesellschaft. Die gemeinsamen Bewußtseinslagen, die er
eben Prinzipien nennt, sind es, die Bürger, Institutionen, Gesellschaft und Rechtsordnung zu Einheiten verbinden. Erst diese in
den Institutionen, Sitten und Gesetzen manifest werdenden
gemeinsamen Bewußtseinsstrukturen der Bürger der jeweiligen
Gesellschaft machen aus der politischen Gesellschaft überhaupt
eine Einheit, weil die Menschen nach diesen gemeinsamen Prinzipien handeln und so die Verfassung mit Leben erfüllen.

Sowohl die Betonung des »esprit général«, der Geisteshaltung eines Volkes, als auch Montesquieus Insistieren auf den Prinzipien wollen die Bedingungen, unter denen bürgerliches und politisches Handeln nur sinnvoll und erfolgreich sein kann, bewußt machen. Beide Elemente seines Denkens betonen die Eingebundenheit des Handelns von Bürgern und Menschen in den sozialen und politischen Kontext, in dem gehandelt wird. Sie stellen die angebliche Souveränität jeder politischen Macht in Frage und unterstreichen statt dessen die Bedingungen und gesellschaftlich-politischen Vorgaben, denen jeder Handelnde unterworfen ist, ohne die er auch gar keine Macht haben kann und ohne deren Beachtung er letztlich gar nicht erfolgreich zu handeln in der Lage ist.

Die erste Einbettung menschlichen Handelns im »esprit général« einer Gesellschaft wird durch die zweite ergänzt. So wie die Menschen von den »mœurs«, Bräuchen, Gewohnheiten, klimatischen und topographischen Bedingungen, von geschichtlichen Beispielen und religiösen Übezeugungen in die Gesellschaft eingebunden sind, so sind sie es als Bürger in die politische Gesellschaft. »Mœurs« und »esprit général« werden im politischen Bereich durch die Prinzipien ergänzt. Und so wie jene durch geschichtlich entstandene und geographische Gegebenheiten geprägt sind, so sind die Prinzipien sowohl Ergebnis als auch Bedingung der politischen Verfassung einer Nation. Die Verfassungsordnung wird durch diese handlungsleitenden Prinzipien mit Leben erfüllt und zum »Funktionieren« gebracht. Verfassung und Prinzipien müssen also übereinstimmen. Während »esprit général« und »mœurs« gleichsam die elastischen Grenzen und Schranken des Handelns bestimmen, geben die Prinzipien Auskunft über die Gründe und Motive, die die Handlungen der Bürger, Politiker und Fürsten unter einer bestimmten politischen Verfassung leiten müssen. Montesquieus Darstellungen legen die Bedingungen offen, unter denen sinnvolles und erfolgreiches politisches Handeln möglich ist.

In Montesquieus Denken stehen damit wie bei keinem anderen das Handeln, seine Motive und Gründe im Vordergrund. Der Mensch ist ein handelndes Wesen. Seit der *Politik* des Aristoteles gehört diese Aussage zu den grundlegenden Interpretationen menschlicher Existenz in Gesellschaft und Geschichte; aber von Aristoteles bis Montesquieu ist diese Interpretation des Menschen immer wieder durch die andere aristotelische Interpretation, nach der der Mensch ein sprachbegabtes und vernünftiges Wesen ist, in den Hintergrund gedrängt worden. Montesquieu insistiert auf dem Handeln, auf den Gründen des Handelns und auf der Tatsache, daß eben die aus der Fähigkeit zu handeln entspringenden Besonderheiten die Eigenarten politischer Gesellschaftsorganisationen ausmachen. Das Handeln aber ist nicht nur von Einsichten und Vernunft, die Montesquieu natürlich ebenso betont, sondern auch von Leidenschaften, von Gefühlen, von für wahr gehaltenen Meinungen und von Überzeugungen bestimmt. Und: In verschiedenen Gesellschaften herrschen unterschiedliche Überzeugungen, Meinungen, Einsichten und Leidenschaften vor. Das Gewebe der dominierenden Motive und Leidenschaften der Bürger einer Gesellschaft, ihr Prinzip, ist für die Existenz einer Verfassung von fundamentaler Bedeutung. Ihre Natur, das heißt die Organisation ihrer Institutionen und die Gesetze einer Gesellschaft werden erst durch die Prinzipien sinnhaft. Montesquieus Unternehmen zielt auf nicht weniger als auf den Versuch, die Konsistenz der Gesellschaften von den spezifischen vorherrschenden Handlungsmustern ihrer Repräsentanten und Bürger aus zu verstehen, zu interpretieren und zu beurteilen.

Montesquieu untersucht das Zusammenspiel von »Natur« und »Prinzip« verschiedener politischer Ordnungen. Er stellt fest, daß bestimmte Gesellschafts- und Verfassungsformen ganz bestimmter Prinzipien bedürfen. Man kann es natürlich auch andersherum formulieren: Bestimmte handlungsleitende Motive können nur unter bestimmten politischen Herrschaftsformen gesellschaftlich dominant werden. In der Vielfalt der Verfassungsformen sieht er drei verschiedene Leidenschaften oder Bestrebungen oder Handlungsmotive – eben Prinzipien –, die die Gesellschaften bestimmen. Diese sind die Tugend in den Republiken, die Ehre in den Monarchien und die Furcht in den Despotien. Die Wirkungsweise dieser Prinzipien ist ebenso unterschiedlich wie die Prinzipien selbst.

Die Tugend in den Republiken

Eine politische Gesellschaft kann dadurch zusammengehalten werden, daß die Bürger die Verfassung aus Einsicht, aus Gewöhnung, aus Zuneigung oder aus einem Gemisch dieser drei akzeptieren. Das heißt, jeder Bürger – und das können alle, die unter einer politischen Ordnung leben, sein oder nur ein politisch-administrativ herrschender Teil, der tatsächlich Bürgerrechte und Macht innehat – macht die Ordnung der Gesellschaft zu seiner eigenen. Die Rechte der Institutionen, die Kompetenzen der Ämter, die Rechte der Bürger und die Verteilung der Macht zwischen Ämtern und Bürgern werden von allen geschätzt und geachtet. Jeder einzelne Bürger ist gleichsam ein Repräsentant der Verfassung, unter der er lebt, die er liebt und die ihm die Bürgerrechte garantiert.

Diese Hochschätzung der Verfassung und der von ihr strukturierten Gesellschaft geht, wenn sie nicht ein Sonntagsgefühl, sondern eine tatsächlich wirkende Liebe ist, so weit, daß im Konfliktfall die Verfassung und die verfaßte Gesellschaft Vorrang vor den Interessen des einzelnen Bürgers haben – auch im Bewußtsein des einzelnen Bürgers wohlgemerkt, der entsprechend handelt. Montesquieu nennt diese Haltung, die nach seiner Analyse nicht so sehr Kenntnissen entspringt als vielmehr einem Gefühl, »vertu«, Tugend. (EL V, 2)

Es ist klar, daß ein derartiges Gefühl nur entstehen und dauern kann, wenn unter den Mitgliedern der Aktivbürgerschaft keinerlei Standesprivilegien bestehen, d.h. die Bürger müssen gleichberechtigt sein, ja, diese Gleichheit der Bürger muß über die Gleichheit der Rechte hinaus eine Gleichheit der Lebensweise beinhalten. Der einzelne erfährt sich dann als Bürger unter Gleichen und liebt die Verfassung, die diese Gleichheit garantiert. Dies macht es ihm möglich, seine Sonderinteressen hintanzustellen und die eigene Freiheit nicht in der Absonderung, sondern im Zusammenwirken der Gleichen zu erfahren und zu praktizieren.

Im Zentrum der Tugend, die Montesquieu ausdrücklich als politische Tugend bezeichnet, um sie von den christlichen Tugenden der Sanftmut, der Barmherzigkeit, der Nächstenliebe und der Moralität zu unterscheiden, stehen eine bestimmte Lebensweise und bestimmte Konsequenzen fürs Handeln. Die politische Tugend verlangt Selbstverleugnung und Selbstkontrolle, »was immer eine mühsame Angelegenheit ist«. Es handelt sich um »eine kontinuierliche Bevorzugung des öffentlichen Interesses gegenüber dem Eigeninteresse«; und diese Grundhaltung »bringt alle einzelnen Tugenden hervor, die nichts anderes sind als eben diese Bevorzugung« (EL IV, 5). Was Montesquieu unter der Liebe zu den Gesetzen und zum Vaterland versteht, hat also nichts mit dem modernen Nationalismus zu tun. Er spricht vielmehr von einem Verfassungspatriotismus, der tatsächlich der Gemeinschaft der gleichen Bürger einen höheren Rang zuweist als dem eigenen Wohl, der also das Geliebte ganz unsentimental als handlungsleitendes Gut betrachtet. »Es ist eben mit der Verfassung genau so wie mit allen anderen Dingen der Welt: um sie zu erhalten, muß man sie lieben.« (EL IV, 5) Der tugendhafte Bürger ist damit der, »der die Gesetze seines Landes liebt und sich von dieser Liebe in seinem Handeln leiten läßt« (EL Vorerinnerung).

Das Gemeinsame der Bürgerschaft muß in den Köpfen der Bürger und in ihren Tugenden präsent sein, damit diese schwierige Regierungsform überhaupt existieren kann. Die Verfassung der Gleichen führt dann trotz aller Kämpfe und Auseinandersetzungen zu einer politisch stabilen und wohlgeordneten Einheit der verschiedenen, aber rechtlich gleichen Bürger. Diese politische Tugend macht natürlich nur Sinn – und so meint dies auch Montesquieu –, wenn die Republik wohlgeordnet ist.

Demokratie und Aristokratie, die beide keine übergeordnete Zentralmacht kennen, welche die aktiven Bürger zügelt, dirigiert und leitet, sind nur funktionsfähig, wenn die Aktivbürgerschaft selbst die politische Ordnung bewußt erhält und wenn die einzelnen Bürger die Verfassung als höchstes Gut – jenseits ihrer Interessen und Ambitionen – lieben. Ohne diese Bevorzugung ist weder die Regierung durch das Volk, die Demokratie, die in Abstimmungen und Wahlen organisiert ist, noch die Regierung durch eine herrschende Schicht, die Aristokratie, die ihre spezifischen Organisationsmethoden entwickelt, lebensfähig. Weil beide Ordnungstypen also ein gemeinsames Prinzip haben, nach dem die Bürger handeln, können sie auch unter der Klassifikation »Republiken« zusammengefaßt werden.

Die Ehre

Monarchien hingegen werden von einer anderen Leidenschaft ihrer Bürger belebt. Es ist das Streben nach Ansehen und Anerkennung. Montesquieu nennt dieses Prinzip der Monarchie die Ehre (EL III, 6), und er beobachtet das Wirken solchen Strebens in den verschiedenen Ausformungen monarchischer Regime mit ihren unterschiedlichen Teilnahmeformen des Adels und der anderen Stände.

Schon bei der Darstellung der Tugend und bei der Entwicklung dieses Prinzips der Republiken im *Esprit des Lois* wird deutlich, daß Montesquieus Überlegungen vom Gegensatz Tugend – Ehre geprägt sind. Immer wieder verläßt er die getrennte Darstellung von Tugend und Ehre als handlungsleitenden Prinzipien, um die Besonderheiten der einen wie der anderen durch ihre Gegenüberstellung herauszudestillieren. Dabei ist unübersehbar, daß er der Tugend in den Republiken einen höheren Rang zuweist als der Ehre in den Monarchien. Das Wohl der Gemeinschaft wird vom von der Tugend bestimmten Bürger um seiner selbst willen angestrebt – aus Einsicht, Gefühl oder Gewohnheit. Das Streben nach Anerkennung dagegen, die Ehre, wird aus eigensüchtigen Motiven gespeist, und Montesquieu sieht in dieser Lebensweise in der Monarchie durchaus problematische Züge.

Um die ganze Schärfe der kritischen Darstellung des Prinzips der Ehre zu erkennen, muß man sich bewußt machen, daß Montesquieu, ein Adliger, über das selbstverständliche Prinzip seines Standes spricht. Ehre ist für den Adel das Distinktionsmerkmal, in dem er sich vor seinesgleichen auszeichnet. Sie begründet seinen Stolz, sein Selbstbewußtsein, seine Besonderheit, die ihn von anderen unterscheidet und aufgrund derer er von anderen anerkannt wird.

In den Monarchien »haben Gesetze den Platz aller jener Tugenden übernommen, derer man nicht mehr bedarf«. »Ehrgeiz verbunden mit Müßiggang, Niedertracht und Hochmut, der Wunsch, sich ohne Arbeit zu bereichern, die Feindseligkeit gegen Wahrhaftigkeit, Schmeichelei, Verrat, Treulosigkeit, Unzuverlässigkeit, Mißachtung der bürgerlichen Pflichten, Furcht vor der Tugend des Fürsten, Hoffnung auf seine Schwächen und vor allem

das andauernde Lächerlichmachen der Tugend« sind die vorherrschenden Eigenarten höfischen Lebens in der Monarchie, die sich
korrumpierend ins Volk hinein auswirken. (EL III, 5)

Die Ehre, »das heißt das Ansehen jeder Person und jeden Standes übernimmt den Platz der politischen Tugend« (EL III, 6). Und
diese Ehre, dieses Ansehen, ist »philosophisch gesehen« eine »falsche Ehre« (EL III, 7), da die einzelnen Handlungen nicht unternommen werden, weil sie gut sind, sondern weil sie die Achtung
anderer einbringen. (EL III, 6)[28]

Erkennbar bemüht, den Weg zwischen der Skylla nicht offen
und unmißverständlich genug ausgesprochener Wahrheiten und
der Charybdis der schlecht, aber dennoch nicht wirkungslos
arbeitenden Zensur zu gehen, betont Montesquieu nach seiner
Schilderung monarchischer Laster, er wolle keine Satire dieser
Regierungsform schreiben. Es wäre unbestreitbar, daß auch und
gerade die Monarchie große Taten hervorbringe, als seien die
Handelnden von der Tugend selbst geleitet. Er weist allerdings
vorsichtig darauf hin, man werde in dieser Welt des reinen
Anscheins, in der höfischen Welt Mühe haben, rechtschaffene
Menschen zu finden. (EL III, 6)

Die Monarchie kennt und benötigt die Bereitschaft, eigene
Interessen hintanzustellen, nicht. »Der Bestand des Staates ist
unabhängig von der Vaterlandsliebe, dem Streben nach wahrem
Ruhm, der Selbstverleugnung, der Aufopferung teuerster Neigungen.« (EL III, 5)

Die Mischverfassung als »Ersatz« für Tugend

Das Prinzip der Monarchie ist nicht wie in der Republik die selbstverständliche Unterordnung eigener Interessen und Wünsche
unter das Gemeinwohl. Was in der Republik vom einzelnen Bür-

ger geleistet werden muß – die Unterwerfung seines Handelns und seiner Lebensweise unter die Imperative der Gesellschaft –, ist in der Monarchie nicht vorherrschend. Hier verfolgt ein jeder die Vergrößerung seines Ansehens, seiner Beachtung, seines Wohlstandes. Das Wohl der Gesamtheit hat keine die Handlungen und die Lebensweise der Bürger prägende Qualität.

Wie aber kann eine politische Ordnung, die von Ehrgeiz, Habgier, Niedertracht und vielen Lastern der Verstellung geprägt ist, welche sich aus dem Streben nach Ansehen und Ehre ergeben, vor dem Explodieren in viele Einzelinteressen und Einzelziele bewahrt werden? Denn wo »die Tugend verlorengeht, zieht der Ehrgeiz in die dafür empfänglichen Herzen und Habgier in alle Gemüter ein« (EL III, 3).

Die Lösung, die Montesquieu entdeckt und die Hegel so sehr für diesen Autor einnahm, ist seine These von der »disposition des choses« (EL XI, 4), vom Arrangement der auseinandertreibenden Leidenschaften, die einander zügeln, bremsen und paralysieren, wo die Tugend in Montesquieus republikanischem Sinne ihre den einzelnen steuernde und mäßigende Aufgabe nicht wahrnimmt. Die Laster des Egoismus und der Verfolgung partikularer Interessen sind in der Monarchie sogar nötig, sie beleben den politischen Prozeß. »In einer Republik ist der Ehrgeiz verderblich. In der Monarchie hat er gute Wirkungen. Er erfüllt die Verfassung mit Leben. Und man hat dabei den Vorteil, daß er nicht gefährlich ist, denn seine Wirkungen können hier immer wieder aufgefangen werden. [...] Die Ehre bewegt alle Teile des politischen Körpers, sie verbindet diese durch ihr Handeln selbst, und es zeigt sich schließlich, daß jeder im Glauben, seine Sonderinteressen zu verfolgen, das Gemeinwohl vorantreibt.« (EL III, 7) Die freiheitliche Monarchie bezieht ihre Kraft aus dem Wunsch der Bürger, sich hervorzutun, sich zu unterscheiden. Dies führt zur Kohäsion und zur Vitalität der Gesellschaft. Montesquieu schreibt über die Sitten in

England: »Da dort alle Leidenschaften frei sind, treten Haß, Neid, Eifersucht, Habgier und der Wunsch, sich zu unterscheiden, in ihrem vollen Umfang in Erscheinung. Wäre es anders, so gliche der Staat einem Schwerkranken, der leidenschaftslos ist, weil ihm die Kräfte fehlen.« (EL XIX, 27) Das Gift der bösen Strebungen, das in den Republiken so verderbliche Wirkungen hat, wird zum Heilmittel, den gesellschaftlichen Prozeß aufrechtzuerhalten.[29]

Es kommt in der Monarchie nicht mehr darauf an, ob die einzelnen Bürger gut oder schlecht, das heißt vernünftig oder unvernünftig über die Politik räsonieren; aus ihrer öffentlichen Debatte entspringt die politische Freiheit (EL XIX, 27), auch wenn die einzelnen Debattanden nicht um die Wahrheit bemüht sind, sondern vornehmlich darum, Prestige zu gewinnen. (EL III, 6) Höflichkeit, Geschmack und gutes Benehmen haben ebenso wie alle anderen »Tugenden« in der Monarchie die Aufgabe, die Besonderheit des jeweiligen Menschen, seine »distinction« zu betonen. Der Anschein wird wichtiger als die Realität. (EL IV, 2) Dies alles aber wirkt sich zum Guten der Gesellschaft aus, weil es sich nicht einfach durchsetzt, sondern in einem komplizierten Gefüge von Bestrebungen und Gegenbewegungen umgeleitet, modifiziert oder paralysiert wird. Diese Modifikationen und Beschränkungen des Strebens nach Ehre, Ansehen und Macht sind die zentralen Leistungen der politischen Ordnung in der wohlgeordneten Monarchie. Das heißt, auch in Monarchien können dann Freiheit und Gerechtigkeit herrschen, wenn die Verfassung richtig geordnet ist. Die politischen Institutionen übernehmen einen Teil der Aufgaben, die in den Republiken von den aktiven Bürgern wahrgenommen werden. Die Menschen werden zugunsten ihres Strebens nach Ehre von einem Teil ihrer ethischen Aufgaben entlastet.

So sind für Montesquieu Tugend und Ehre Prinzipien freiheitlicher Ordnungen. In den beiden von ihnen belebten Verfassungstypen — den Republiken und den Monarchien — kann Freiheit bestehen. Sie müssen nur richtig verfaßt und organisiert sein. Die Verfassungen der Republiken beruhen vornehmlich auf der Ordnung des Bewußtseins ihrer Bürger. Sie sind deswegen stark auf Erziehung angewiesen. Die Monarchien basieren stärker auf der richtigen Ordnung der Institutionen. Diese muß zwar auch in den Republiken gegeben sein, aber dort ist sie weniger kompliziert, wenn die Tugend der Bürger intakt ist.

Die Furcht

Diesen Prinzipien freiheitlicher Gesellschaften gegenüber steht die Furcht. Sie ist nach Montesquieu das Prinzip despotischer Regime, die ihre Bürger weder durch selbstverständliche Unterordnung unter das Gemeinwohl noch durch das Bremsen und Ausbalancieren ihrer Sonderinteressen und ihres Ehrgeizes durch Institutionen in die bestehende Ordnung integrieren.

Der Despot und seine Helfer können weder auf die Tugend der Bürger noch auf die kanalisierende Wirkung der Institutionen und das Ehrgefühl der am Regierungsprozeß Beteiligten in der Monarchie rechnen, wenn sie den Gehorsam ihrer Untertanen erzwingen. In den Despotien muß »die Furcht jeglichen Mut niederhalten und das geringste Gefühl von Ehrgeiz ersticken« (EL III, 9). Nur die Furcht vor den Herrschenden und die Furcht der Herrschenden voreinander halten in der Despotie die Gesamtordnung aufrecht. Im despotischen Regimetypus muß die Furcht »die Nachlässigkeit des Statthalters oder des Beamten [...] verhindern« (EL VIII, 19). Damit die despotische Ordnung nicht zerfällt, muß sie gleichsam die Menschen ihrer menschlichen Eigenarten berauben und sie zu ausschließlich reagierenden Wesen degradieren, die aus Furcht nicht mehr zu handeln wagen.

Und: Diese Furcht muß alle am politischen Geschehen Beteiligten erfassen.

Montesquieu darf bei seiner Beschreibung der Despotie nicht als ein Prophet totalitärer Regime mißverstanden werden. Die ideologischen Massenbewegungen totaler Herrschaft des 20. Jahrhunderts kennt er so wenig wie die modernen Demokratien. Für ihn ist in den Großflächenstaaten die Politik noch weitgehend auf und durch die herrschende Schicht ausgerichtet. Das einfache Volk selbst ist im Regimetypus der Despotie sehr wohl Gesetzen unterworfen, und ein despotischer Herrscher ist gut beraten, auf religiöse Überzeugungen und Alltagsgebräuche der Einwohner seines Machtbereiches Rücksicht zu nehmen. (EL III, 10) Montesquieu spricht vornehmlich vom Bereich der öffentlichen Angelegenheiten, der von der Furcht vor den willkürlichen Ausbrüchen und Entscheidungen des Fürsten bestimmt ist. Für das Funktionieren der Despotie ist es nötig, »daß das Volk nach den Gesetzen, die Großen [aber] nach dem Gutdünken des Fürsten gerichtet werden«. Die Furcht der politisch-administrativen Klasse vor dem Despoten ist wesentliches Stabilitätsinstrument der Herrschaft. »Wenn [...] die Furcht fehlt, hat das Volk keinen Beschützer mehr«, erklärt Montesquieu, und er betont, der Kopf des letzten Untertanen müsse in Sicherheit und der Kopf des Paschas ständig in Gefahr sein. (EL III, 9)

Die Prinzipien als Kriterium der Regime

Selbstunterwerfung unters Gemeinwohl und Liebe zur dieses garantierenden Verfassung (politische Tugend), Streben nach Anerkennung, Ehrgeiz und Habsucht (Ehre) sowie Furcht der herrschenden Schicht sind nach Montesquieus Beobachtungen die drei Prinzipien, die das Zentrum und den Motor – die spezifische Differenz – der verschiedenen Regime ausmachen. Alle drei Prinzipien sind psychisch-seelische Bewegungen, die die jeweilige Verfassung mit Leben erfüllen, die von diesen Verfassungen benötigt werden und die deshalb von ihnen gefördert werden, damit sie funktionieren. Anders, aber doch vergleichbar mit Platon, gibt es im Denken von Montesquieu einen direkten Zusammenhang zwischen der psychischen Konstitution der Menschen in einer jeweiligen Gesellschaftsordnung und der politischen Ordnung.[30] Das Gut oder Ziel, auf das hin die Menschen ihr Leben ausrichten, oder im Falle der Despotie das Übel, auf dessen Abwehr hin sie sich organisieren, bestimmt die Lebensweise und die politische Verfassung, so wie die politische Verfassung eine bestimmte psychische Ordnung der Bürger erfordert oder herbeiführt.

Es muß an dieser Stelle darauf hingewiesen werden, daß Montesquieu bei seiner Klassifizierung der Prinzipien und der Regime, die von diesen Prinzipien belebt werden, von Regimetypen und von Prinzipien ausgeht, die in reiner Form in der historisch-gesellschaftlichen Wirklichkeit nicht zu finden sind. (EL III, 11) Montesquieu will die wesentliche Eigenart der Regime und ihrer Prinzipien deutlich machen. Er verwendet ihm bekanntes Material, das er nach seiner Klassifikation ordnet und das er zur Verdeutlichung dieser Klassifikation in vielen Beispielen heranzieht. Die reinen Typen oder Idealtypen, wie man wohl auch sagen kann[31], findet man nicht rein und unvermischt in der gesellschaftlichen Wirklichkeit; aber sie helfen das Material zu ordnen, zu verstehen und zu beurteilen.

In der Wirklichkeit sind die Angelegenheiten einer Gesellschaft weniger klar, darauf weist Montesquieu mehrmals hin, und es gibt graduelle Unterschiede.[32] Es ist für Montesquieu nachgerade eine Eigenart der Prinzipien wie der Regimetypen, daß sie nicht in reiner Form auftreten; dies ist die Ursache für die Vergänglichkeit menschlicher Gesellschaften im historischen

Geschehen. »Der Verfall einer jeden Verfassung beginnt fast immer mit dem Verfall ihrer Prinzipien«, schreibt er am Anfang des achten Buches im *Esprit des Lois*. (EL VIII, 1) Und die Verfallsgeschichte Roms setzt zu dem Zeitpunkt ein, als die Römische Republik ihre Gesetze und ihre Prinzipien nicht ändern konnte, obwohl die Ausdehnung des Territoriums dies erfordert hätte. (C IX, 116)

Ein weiteres wird im Verlauf der Untersuchung der Prinzipien sichtbar: Es gibt eine erkennbare Hierarchie der verschiedenen Prinzipien. Tugend, Ehre und Furcht stehen nicht gleichwertig nebeneinander; republikanische Tugend ist vielmehr der kritische Maßstab Montesquieus, an dem er die Lebensweise unter den bestehenden monarchischen Verhältnissen mißt und zeigt, daß auch institutionell gebändigter Ehrgeiz und Egoismus zu freiheitlichen Verhältnissen führen können. Die Furcht in der Despotie hingegen zerstört die Freiheit und die Möglichkeit der Menschen, überhaupt zu handeln.

Dies ist eine direkte Folge der Eigenart der Prinzipien. Tugend, Ehre und Furcht stellen in dieser Reihenfolge einen Abstieg dar.

Die Tugend bewegt die Menschen zu Handlungen für die Ordnung um ihrer selbst willen. Gewolltes und Gutes sind auch im Bewußtsein des Handelnden identisch. In der Republik offenbart sich der Handelnde in seiner Handlung selbst, und er wird als Bürger sichtbar.

Die Ehre bestimmt zwar die Menschen auch aus ihrem Inneren, aber der Grund für das Streben nach Ehre liegt in der Hochschätzung, die man durch seine Handlungen bei anderen gewinnt, auch wenn durch das »arrangement des choses« die eigensüchtigen und vom Prestigedenken bestimmten Handlungen zu guten Ergebnissen für die Gesamtordnung führen. Gewolltes und Gutes werden nicht mehr durch den Bürger selbst, sondern durch die Organisation der Gesellschaft zur Deckung gebracht.

Die Furcht herrscht in der Despotie auch in der Psyche der Statthalter, Verwaltungsbeamten und des Despoten selbst, aber sie wird durch die Schreckensherrschaft des Despoten und seiner Knechte in die Gesellschaft und in die Seelen getragen. Sie kommt anders als die beiden vorgenannten Prinzipien von außen. In der Despotie handeln die Menschen nicht, sie reagieren allesamt. Die Furcht isoliert die Menschen voneinander statt sie zusammenzuführen. Sie halten sich verborgen. Die Ergebnisse dieser Ordnung sind entsprechend desaströs, und dies ist darauf zurückzuführen, daß das Gute und die Handlungen der einzelnen in diesem Regimetypus nicht mehr zur Übereinstimmung gebracht werden. Das Gute ist für jeden nur die Sicherung des eigenen Zustandes, und es gibt weder im Bewußtsein noch erzwungen durch die Ordnung eine Gemeinsamkeit des Guten. Alle, bis hin zum Alleinherrscher, der sie zwar sät, aber dann selbst von ihr erfaßt wird, sind durch die Furcht fremdbestimmt. In »diesen ungeheuerlichen Verfassungen« des Despotismus, über die man »nicht ohne Schaudern sprechen« kann (EL III, 9), basiert die Ordnung auf der Unmenschlichkeit. »Das gemeinsame Los der Menschen und Tiere sind hier Instinkt, Gehorsam und Züchtigung.« (EL III, 10) Niemand handelt, alle reagieren.

5. Ein alter Mann klagt — Die Verfassungen 1

> Die grundlegende Fähigkeit
> der Seele ist zu vergleichen ...
> MONTESQUIEU

Montesquieu klassifiziert die verschiedenen Prinzipien und die ihnen zugeordneten idealtypischen Verfassungen auf zwei Ebenen. Die erste Klassifikation unterscheidet zwischen den gemäßigten Ordnungen, in denen Freiheit möglich ist, einerseits und der Despotie andererseits. Eine zweite differenziert sodann die gemäßigten Regime. Montesquieu trennt hier zwischen den Republiken, die vom Prinzip der Tugend belebt werden, die sich also aus der Bewußtseinslage der Bürger selbst erhalten, und den Monarchien, bei denen das Prinzip der Ehre die Tugend ersetzt, in denen das Handeln der Menschen durch institutionelle Arrangements in die Ordnung eingebunden wird. Das seiner Natur nach durchaus problematische Streben nach Ehre, Vermögen und Ansehen, das die Monarchien belebt und eigentlich sozial explosive Elemente in die Ordnung trägt, kann Montesquieu zufolge durch die institutionellen Arrangements daran gehindert werden, die Ordnung zu zerstören; ja, die so entstehende und erhaltene Ordnung kann — ist sie nur gemäßigt —, für die Bürger ebenso zu Freiheit und zu vernünftigem Zusammenleben führen wie das von der Tugend bestimmte Handeln in den Republiken.

Das Kriterium, nach dem sowohl Republiken als auch Monarchien unter die guten politischen Ordnungen fallen, ist die Mäßigung. Diese allerdings ergibt sich in beiden Regimetypen nicht von selbst. Sie entsteht und erhält sich durch die institutionelle Ordnung, durch die Erziehung, durch Einhaltung der Prinzipien und durch die territoriale Ausdehnung des jeweiligen Landes.

Mäßigung als Zentrum der guten politischen Ordnung

»Ich sage dies, und es scheint mir, ich habe dieses Werk nur geschrieben, um die Behauptung zu beweisen: Der Geist der Mäßigung muß der Geist des Gesetzgebers sein. Das politische Gute findet sich immer – ebenso wie das moralische Gute – zwischen zwei Extremen.« Gegen Ende seines Werkes *Vom Geist der Gesetze* formuliert Montesquieu im ersten Kapitel des 29. Buches seine Einsicht, daß die Leidenschaften der politisch Aktiven der Zügelung und Eindämmung bedürfen. Sie durchzieht wie ein roter Faden das gesamte Denken und Schreiben des Baron de La Brède et de Montesquieu. Und dieser sein ganzes Werk durchdringende Grundton resultiert aus seiner Sorge vor unkontrollierter Herrschaft und Despotie. Seine Überlegungen und Konzepte der Trennung der verschiedenen Bereiche menschlicher Aktivität in der Gesellschaft, die das religiös-spirituelle, das politische, das strafrechtliche, das zivilrechtliche, das ökonomische Denken und Handeln, die Gewohnheiten und die Moral in ihren jeweils eigenen Gesetzlichkeiten immer unter dem Gesichtspunkt der Mäßigung betrachten, legen hiervon ebenso Zeugnis ab wie seine Kritik am Despotismus und seine Reflexionen über politische Verfassungen im engeren Sinne.

Mäßigung, das heißt Ausgewogenheit, Gelassenheit, Gerechtigkeit und Weisheit der Regierenden, ist ja in der Tat die zentrale Bedingung einer guten Ordnung. Wo Leidenschaften, Aufgeregtheit, Hektik, Rücksichtslosigkeit, ideologische Verblendung, Ehrgeiz oder Habsucht dominieren, gerät eine Gesellschaft in Unordnung, sie wird zum Instrument der Befriedigung von Wunschträumen und Begierden der Vorherrschenden und verliert ihre menschlichen Qualitäten. Im Denken Montesquieus gehört deswegen auch die Republik Platons, die von gerechten, weisen und einsichtigen Philosophen in Ordnung gehalten wird, nicht ins

Reich der Utopie. Platons Republik ist gründbar und möglich (P: M 1208; C 1811) [33], wenngleich die Bedingungen zur Gründung selten gegeben sind und obschon für Montesquieu auch Platons Überlegungen zu der einen und einzig richtigen Ordnung von den Erfahrungen und Leidenschaften des Denkers zumindest getönt sind. (EL XXIX, 19) Maßstab für die Gerechtigkeit, Vernünftigkeit und Menschlichkeit politischer Ordnung aber ist und bleibt für den französischen Denker die »modération« der Herrschaft. Dies klingt schon sehr verfassungstechnisch, und es kann durchaus sein, daß es so verstanden werden muß. Zuerst einmal sagt es aber, daß der Regierende oder die Regierenden selbst maßvoll, gemäßigt, in ihrer eigenen Psyche wohlgeordnet sein sollen. Und dies ist in allen Verfassungsordnungen möglich, sieht man vom uns hier nicht beschäftigenden Fall der Despotie ab.

So ist denn eine Monarchie dann maßvoll, wenn der König mit Hilfe der Vernunft und nicht mit Gewalt, Drohung, Befehl und Angst das Reich in Ordnung hält. Ludwig der Heilige reformierte das Rechtswesen Frankreichs durch das gute Beispiel, das er in seinen Stammlanden mit einer neuen Gerichtsordnung gab. Dieses beschreibend, schildert Montesquieu gute Herrschaft und ihre Bindung an die Vernunft sowie ihren sich durchsetzenden Vorbildcharakter: »Freundlich auffordern ohne zu zwingen, führen ohne zu befehlen, das ist höchste Fähigkeit. Die Vernunft hat eine natürliche Befehlskraft, ja sogar eine tyrannische: man widersteht ihr, aber dieser Widerstand ist ihr Sieg; nach kurzer Zeit ist man gezwungen, zu ihr zurückzukehren.« (EL XXVIII, 38)

Und diese Mäßigung muß für die Innen- wie für die Außenpolitik wirken. Es gibt viele Fürsten, die kriegslüstern sind, »so wie es ja auch viele andere Menschen gibt, die die Leidenschaft des Zugewinnens haben; es müßte die Mäßigung sein, die als die seltenste Tugend Heldentum ausmacht. So aber ist es nicht erstaunlich, daß sich so viele Fürsten dadurch einen Namen machen wollen, daß sie ihre Nachbarn mit Krieg überziehen. Wie es ja nichts leichteres gibt, als sich von seinen Leidenschaften mitreißen zu lassen, während die Rolle eines gemäßigten und gerechten Fürsten ebenso viel mühsamer ist als sie nichts als vernunftbestimmt ist.« (P: M 1987; C 652) Montesquieu hält wenig von der die internationale Ordnung zerstörenden Art, sich durch Krieg und Eroberung mit dem Anschein von Größe zu schmücken. Für ihn sind die Helden, die mittels Gewalt siegreich sind und die durch Waffen Ansehen gewinnen wollen, Menschen, die ihr expansives Selbst nicht unter Kontrolle halten. Seine Vorstellung von Heldentum ist von Selbstkontrolle und Moral bestimmt, auch wenn dieses in der Geschichte nur selten zu finden ist. »Die Art von Heldentum, die mit der Moral übereinstimmt, berührt nur wenige Menschen; es ist das Heldentum, das die Moral zerstört, das uns erstaunt und unsere Bewunderung weckt.« (P: M 458; C 1225)

Montesquieu geht es um Zügelung der Leidenschaften, um ihre Kontrolle durch die Vernunft, wenn von guter Regierung die Rede ist. Die »modération« ist also nicht Mäßigung im Sinne von Halbheit oder Mittelmäßigkeit, sondern Mäßigung im Sinne von vernunftbestimmter Kontrolle. Vernünftigkeit als Kriterium guter Regierung ist aber zuerst einmal unabhängig vom Regime eine persönliche Eigenschaft oder Tugend der Regierenden. Es scheint also keine Regierungsform zu geben, die gleichsam von selbst Vernunft und Gerechtigkeit garantiert. Im Gegenteil: Die Chancen, vernünftig regiert zu werden, stehen für alle Gesellschaften nicht besonders gut, denn »unglücklicherweise sind aufgrund der Bedingungen menschlicher Existenz die großen gemäßigten Menschen selten; und da es immer leichter ist, seiner Kraft zu folgen als sie zu zügeln, kann es gut sein, daß man in der Klasse der Regierenden eher außerordentlich tapfere als außerordentlich weise Leute findet« (EL XXVIII, 41). Will man also das Problem guter Herrschaft nicht mit der banalen Antwort lösen, der Herrscher müsse eben gut, das heißt maßvoll, sein – womit man die Gesellschaften und sich selbst in aller Regel dem Schicksal meist schlechter Regierender überläßt –, so bleiben nur die beiden Wege, die Madison im »Federalist« Nr. 10 diskutieren wird. Entweder man erzieht die Regierenden – bei Madison ist dies in den sich gründenden USA das Volk selbst – zum Streben nach dem Gemeinwohl, oder man versucht, die Auswirkungen der vorhandenen und wirkenden Leidenschaften zu paralysieren. Montesquieu befindet sich in einer anderen Situation als Madison. Er denkt und schreibt in einem monarchisch geprägten Europa, das sich der fehlgeschlagenen Erziehungsdiktatur des »Long Parliament« erinnert, das sich aber auch seiner griechisch-römischen Wurzeln bewußt ist.

Trampelpfade jenseits der Tugend

Man sollte sich davor hüten, Montesquieus Werk im Trampelpfad einer Montesquieu-Interpretation zu erklären, die nicht zuletzt wegen der Ereignisse der Französischen Revolution und des Tugend-Terrors des Wohlfahrtsausschusses gleichsam im nachhinein in Montesquieus Denken nur das kluge institutionelle Arrangement der Monarchien bewundert. Die Faszination, die von seiner interpretierenden Beschreibung der englischen Verfassung ausgeht, verleitet leicht dazu, nur die Technik der Balancierung und Verteilung der Macht im Zentrum seines Denkens zu sehen. Montesquieu selbst ist zwar gewiß kein Gegner der Monarchie, im Gegenteil; es ist aber eine Verzerrung seines politischen Denkens, wenn man ihn auf seine Interpretation der englischen Mischverfassung reduziert, in der alles kulminiere. Für ihn ist die politische Tugend der Maßstab, der erlaubt, auch die Machtbalance der Monarchien und der englischen Verfassung für gut zu

befinden. Eben weil Mischverfassungen gleichermaßen zu gemäßigten Ordnungen und zu Bürgerfreiheiten führen wie wohlgeordnete Republiken, sind sie für Monarchien in Flächenstaaten
gut.

Die Monarchie mit der gemischten Verfassung ist für Montesquieu nicht die beste Verfassung. Implizit macht er an vielen
Stellen deutlich, daß er die monarchische Lösung des Verfas-
sungs- und Regierungsproblems nur für die unter den gegebenen
Umständen beste Lösung hält. Der Maßstab für ihre Qualität ist
die Republik. Der Maßstab der Republik, ihr Prinzip, ist die
Tugend der Bürger. Und das Kriterium der Tugend ist die Bindung
der Menschen, die sich in der Liebe zu den Mitmenschen und im
entsprechenden Handeln äußert.

Es gibt ja zwei im Ergebnis ähnliche, tatsächlich aber grundver-
schiedene Phänomene, die mit dem Terminus »modération«
bezeichnet werden können.

Einmal handelt es sich um eine persönliche Eigenschaft des die
Ordnung dominant prägenden Herrschenden – ob dies ein Fürst,
eine Aristokratie oder ein ganzes Volk ist. Diese Mäßigung ist die
Voraussetzung für die Freiheit der Bürger. Auch die Republiken,
die »ihrer Natur nach keineswegs freiheitliche Staaten« sind,
bedürfen der Mäßigung. (EL XI, 4) Diese ergibt sich dann, wenn
sie ihrem Prinzip, der Tugend, folgen. Ihre Verfassungen können
dann einfacher sein als gemäßigte Monarchien. Sie sind aber auch
gefährdeter. (EL VIII, 1-5)

Zum anderen aber kann der Ausdruck »modération« oder
Mäßigung auch ein gesellschaftlich-institutionelles Phänomen
beschreiben. Dann wird die Macht, oder, genauer gesagt, der
Mächtige in seinem Tun nicht durch eigene Einsicht, Gewohnheit,
Neigung oder Gefühl, sondern durch Gesetze und andere Mächtige, die von diesen Gesetzen Zuständigkeiten und Kontroll-
möglichkeiten zugewiesen erhalten, »begrenzt« oder »gezügelt«.

Diese Mäßigung, die nicht aus der psychischen Verfassung des Mächtigen resultiert, sondern aus einem außerhalb der Person – d.h. in der Gesellschaft – angesiedelten institutionellen Arrangement, erfolgt von außen. Die Gesellschaft zwingt, nötigt, drängt oder gewöhnt den Mächtigen daran, seine Leidenschaften nicht in seinen öffentlichen Handlungen auszuleben. Die klassische Formulierung dieser externen gesellschaftlichen institutionellen Mäßigung steht bekanntlich im elften Buch des *Esprit des Lois*. Sie lautet »die Macht zügelt die Macht« (EL XI, 4). Der Grund dafür aber, warum Macht von anderer Macht begrenzt werden soll, ist das Fehlen der Tugend in den zeitgenössischen Monarchien, die ja von einem anderen Prinzip, der Ehre, mit Leben erfüllt werden.

Die Ehre ist der Ersatz für Tugend und Nächstenliebe. Sie soll die Menschen und Bürger künstlich binden, die eigentlich durch Einsicht und Gewöhnung gebunden sein müssen, damit menschenwürdige Zustände herrschen. Daß aber die Tugend in der Güterhierarchie Montesquieus weitaus höher angesetzt ist als das Streben nach Ehre und Ansehen und die diesem entsprechenden Lebensweisen, die durch die Gleichgewichtssysteme der Monarchien oder die Mischverfassung Englands ermöglicht werden, wird in einer Unzahl von Formulierungen in seinem gesamten Werk sichtbar.

Schon der junge Montesquieu formuliert in den *Lettres Persanes*, was später als Lobpreisungen der Stoa, in den *Considérations* und im *Esprit des Lois* wiederauftritt: Die Lebensweise des tugendhaften Citoyen ist der Existenz des vom Streben nach Ansehen und Wohlstand getriebenen Bürgers in den Monarchien vorzuziehen. Am Ende der Schilderung der Parabel der Troglodyten in den *Lettres Persanes* beschreibt Montesquieu, wie die glückliche, von der Tugend der Bürger belebte Gesellschaft der Troglodyten wächst und deswegen meint, sie bedürfe eines

Königs. Die Bürger wählen einen alten, weisen und gerechten Mann. Dieser aber bricht in lautes Klagen aus:

»Ich sehe genau, daß euch eure Tugend schwer zu fallen beginnt. In dem Zustand, in dem ihr seid, ohne Oberhaupt, müßt ihr selbst gegen euren Willen tugendhaft sein: denn ohne dies könntet ihr nicht bestehen und würdet ins Elend eurer Vorfahren zurückverfallen. Aber diese Unterjochung der Selbstsucht scheint euch zu schwer. Ihr zieht es vor, Untertanen eines Fürsten zu sein und seinen Gesetzen zu gehorchen, die weniger rigide sind als eure Sitten. Ihr wißt, dann werdet ihr eure Leidenschaft befriedigen können, ihr werdet Reichtümer ansammeln und in träge Wollust abschlaffen können, und ihr werdet – wenn ihr es nur vermeidet, großen Verbrechen zu verfallen – der Tugend nicht mehr bedürfen.«

Die Wehklage des Alten endet mit dem hilflosen Ruf, es sei doch nicht möglich, tugendhafte Handlungen zu befehlen, diese kämen aus der freien Überzeugung und der natürlichen Neigung der Menschen. (LP XIV)

6. England my England — Die Verfassungen 2

Republiken wie Monarchien sind freiheitliche Verfassungen, wenn sich die Institutionen und Verfahrensweisen im Einklang mit den Prinzipien befinden. Beide Regimetypen bedürfen der Mäßigung, und diese erreichen sie durch jeweils ihren Prinzipien entsprechende Mittel. Beiden gemeinsam ist die Herrschaft der Verfassung und der Gesetze. In den Republiken ergibt sich die Mäßigung aus der Tugend der Bürger selbst. In den aristokratischen Republiken ist sie die zentrale Tugend, die die herrschende Schicht zu bestimmen hat. (EL III, 4) Aristokratie wie auch Demokratie basieren hauptsächlich auf Selbstbeherrschung der jeweils Regierenden, also des Volkes oder der herrschenden Klasse. Die Aufgaben der Ämter, ihre Besetzung, die Organisation des Wahlvolkes und die Trennung der Kompetenzen insbesondere zwischen Wählern und Gewählten (EL VIII, 2), aber auch zwischen den Ämtern können ohne Reibungen nur vonstatten gehen, wenn sich alle am politischen Prozeß Beteiligten einer rigiden Selbstkontrolle unterwerfen, d. h. sich aus eigenem Willen der Verfassung unterordnen.

In der Monarchie ist der König die Quelle der Macht, die in den Republiken von der Aktivbürgerschaft ausgeht. (EL II, 2) Die Mäßigung wird in einer wohlgeordneten Monarchie durch die Zwischengewalten bewirkt. »Die natürlichste untergeordnete Zwischengewalt ist der Adel. Er gehört gleichsam zum Wesen der Monarchie, deren Hauptgrundsatz lautet: Ohne Monarch kein Adel, ohne Adel kein Monarch.« (EL II, 4) Der

Adel ist zwar vom König abhängig, aber er führt seine Aufgaben doch gemäß den Vorgaben des Königs selbständig aus. So gibt es ein bremsendes, modifizierendes und kanalisierendes Zusammenspiel zwischen der politischen Klasse der Monarchie, dem Adel, und dem König, das zur Mäßigung dieses Regimetyps ebenso beiträgt wie die regionalen Parlamente. Diese bezeichnet Montesquieu als »Hort für die Gesetze«. Sie verkünden die Gesetze – und können diese Verkündung natürlich auch verweigern; das spricht Montesquieu nicht aus, aber es ergibt sich aus dem Gesagten – und rufen die in Vergessenheit geratenen, die zwischen den Ständen und dem König ausgehandelt wurden, wieder in Erinnerung. Es gibt also Privilegien des Hochadels, der Geistlichkeit, des niederen Adels und der Städte, die, von den Parlamenten kontrolliert und bewacht, die Macht des Königs, der die Quelle aller staatlichen und bürgerlichen Macht ist, mäßigen. (EL II, 4)

In Demokratien und Aristokratien ist dagegen die jeweils herrschende Aktivbürgerschaft sowohl Quelle der Macht als auch Ursprung der einzelnen Ämter, die die Macht, also das Volk selbst, zügeln sollen. (EL II, 2) Dies ist ihr Problem. Da das Volk sich vornehmlich durch Ämter, deren Inhaber es wählt, selbst bestimmt, hängt alles von seiner Bereitschaft ab, sich der bestehenden Ämterordnung zu unterwerfen, bzw. von der Bereitschaft der »Führer« des Volkes, diese Unterwerfung auch bei der Aktivbürgerschaft durchzusetzen.

Dies ist der Hauptgrund, warum man »in der republikanischen Regierungsform auf die ganze Kraft der Erziehung angewiesen« ist. (EL IV, 5) Was Montesquieu unter Erziehung versteht, ist mehr als das, was Schulen welcher Provenienz auch immer zu leisten vermögen. An seiner Kritik an den bestehenden Verhältnissen [34] wird deutlich, was er meint:

Republiken müssen auf allen Ebenen der Sozialisation der

Heranwachsenden wie auch bei der Einbindung der Erwachsenen ins Gemeinwesen zu einem bestimmten Bürgertypus erziehen, nämlich zu dem gesetzestreuen, die Republik liebenden und seine Interessen dem Wohl der Republik unterordnenden Bürger. Eltern, Erzieher und Gesellschaft müssen widerspruchsfrei durch Belehrung, Vorbild, Strafen und Belohnungen, durch die vorherrschenden Vorstellungen vom richtigen Leben und vom richtigen Handeln in der Gesellschaft Heranwachsende wie Erwachsene zu diesen Tugenden des guten Bürgers in der Republik erziehen. Dieser Selbsterziehungsprozeß setzt eine Gesellschaftsordnung mit einem relativ hohen Maß an Gleichheit im politischen wie im ökonomischen Bereich, aber auch mit einer gewissen Abschließung gegenüber Einflüssen von außen voraus. (EL IV, 7)

Diese Hauptbedingung der Erziehung für die Republiken (EL IV, 5) erlaubt es Montesquieu, wie schon zitiert, zu erklären, Demokratie und Aristokratie seien »ihrer Natur nach keineswegs freiheitliche Staaten« (EL XI, 4). Erst wenn ihre Natur – nämlich, daß das Volk oder eine herrschende Schicht das politische Leben bestimmt – durch das Prinzip der Tugend der Bürger, die das Ergebnis von Erziehung ist, erfolgreich belebt wird, findet sich in diesen Regimetypen politische Freiheit, dann zählen sie zu den gemäßigten Regierungsformen.

Monarchie wie Republiken sind also dann gemäßigte Regime, wenn die Aufgaben, die Ämter, die Institutionen der Gesellschaft nicht vom Quell der Macht, sei dies der König oder die Aktivbürgerschaft, okkupiert und konzentriert werden. (EL VIII, 6) Die Macht muß in der Gesellschaft verteilt bleiben.

Wir haben festgestellt, daß das Problem der Republiken, das aus dem Ursprung aller politischen Macht aus der Aktivbürgerschaft entsteht, für Montesquieu durch Erziehung der Bürger zur Tugend lösbar ist. »Ich zweifle überhaupt nicht daran«, schreibt er, »daß man in einer kleinen Republik eine derartige Erziehung geben kann, daß die ganze Republik aus anständigen Menschen besteht.« (P: M 1494; C 1755) Aber Montesquieu ist sich darüber im klaren, daß eine so wirkungsvolle und die ganze Gesellschaft fordernde Erziehung nur in kleinen politischen Einheiten, wie den Stadtrepubliken des klassischen Griechenlands, geleistet werden kann. (EL IV, 7) Da er zudem eine vergleichsweise egalitäre Vermögens- und Einkommensverteilung für fast unabdingbar hält, folgert er, es gehöre zum Wesen der Republik, »daß sie nur ein kleines Gebiet umfaßt, sonst kann sie nicht lange bestehen. In einer großen Republik gibt es große Vermögen und folglich wenig Sinn für Mäßigung. Den Händen des einzelnen Bürgers müssen zu große Werte anvertraut werden; dadurch gewinnen die Interessen ein eigenes Gewicht. Jemand glaubt zunächst, ohne sein Vaterland glücklich, groß und berühmt werden zu können; bald danach meint er, nur auf den Trümmern seines Vaterlandes groß sein zu können.« Nur in einer kleinen Republik könne das Gemeinwohl als einigendes Band erfahren, erkannt und wahrgenommen werden. (EL VIII, 16)

Sieht man von der Möglichkeit der Bündnisse vieler kleiner Republiken in einem Staatenbund ab, die Montesquieu zwar erwähnt, aber nur bei Fragen der militärischen Verteidigung ernsthaft diskutiert (EL IX, 1-3), so wird deutlich, daß die Gegebenheiten Europas Republiken nur in bestehenden Ausnahmefällen wie in der Schweiz oder in Holland erlauben. Das 18. Jahrhundert kennt in Europa die großen Monarchien, und diese akzeptiert Montesquieu. Die Monarchien aber können, ja sie müssen von mittlerer Größe sein, damit das Zusammenspiel von König, Hochadel, den Ständen und Städten intakt bleibt. Auch die Monarchie hat eine maximale Größe, bei deren Überschreitung Teile des die Provinzen regierenden Hochadels zu mächtig werden und nach Selbständigkeit streben. (EL VIII, 17) Also gilt für die in Europa bestehenden Monarchien, daß sie ihre bisherige Größe beibehalten müssen, wenn sie das Prinzip ihrer Regierungsform erhalten wollen. (ELVIII, 20) Erfolgreiche Expansionskriege würden zur Despotie führen, die auch über riesige Flächen herrschen kann, wenn sie nur am Prinzip der Furcht für die politisch-administrative Klasse festhält. Dies heißt für Montesquieu, daß – jenseits der Frage, welche Lebensform vorzugswürdig ist – eine gemäßigte Regierung unter der gegebenen internationalen Ordnung seiner Zeit für die meisten Menschen eine Monarchie sein muß. Die Bedingungen, daß Republiken nur ein kleines Territorium umfassen dürfen und daß die Zahl ihrer Bürger klein sein muß, lassen als mögliche gemäßigte Regierungsform für die bestehenden Einheiten – besonders für das Frankreich Montesquieus – nur die Monarchie übrig. Montesquieu ist Monarchist aus Einsicht.

Die gezügelte Macht – Das Modell der englischen Verfassung

Diese Einsicht in die Notwendigkeit monarchischer Regierung auch in Frankreich bewirkt nicht, daß Montesquieu die bestehenden Verhältnisse kritiklos hinnimmt. Die Möglichkeiten Frankreichs wie aller europäischen Monarchien liegen aber nicht in der Etablierung einer Republik. Es geht vielmehr um die Abwehr eines Übels: Monarchien sind immer in der Gefahr, in den Despotismus abzugleiten. Die Frage, welche Ordnung dies zu verhindern vermag, führt Montesquieu zu seiner Analyse der Mischverfassungen und des gelungenen Sonderfalls der englischen Verfassung. In dieser Analyse, die nicht darauf angelegt ist, zur Übertragung englischer Verhältnisse auf andere Länder anzuregen, will Montesquieu zeigen, wie durch Verfassungsregeln und Institutionen dafür Sorge getragen ist, daß die Freiheit der Bürger einer Gesellschaft gesichert wird. Es handelt sich um eine vorbildliche Lösung, die man nicht imitieren oder übertragen kann, die aber doch durch ihr Beispiel lehrt. Sie zeigt, daß eine freiheitliche monarchische Verfassung möglich ist. Auf andere Länder ist diese Verfassung nur modifiziert übertragbar. Ihr Wert liegt darin, daß sie *eine* gute Lösung sichtbar macht.

Im sechsten Kapitel des elften Buches von *De L'esprit des Lois* will Montesquieu, wie Rikklin sagt, ein »Modell«[35] politisch organisierter Freiheit aufzeigen. Montesquieu macht am Beispiel Englands deutlich, wie der Geist von Verfassungsbestimmungen darauf hinwirkt, Freiheit organisatorisch zu sichern. Rikklin spricht mißverständlich von einem »Staatsmodell der politischen Freiheit«, während Richter darauf hinweist, daß es sich beim England-Kapitel nur um einen Teilbereich der Untersuchung über politische Freiheit handelt. Es geht um die politische Organisation der Gesellschaft, die Freiheit *möglich* macht.[36] Daß es sich beim Fall England tatsächlich um einen Idealfall handelt, deutet der Autor des *Esprit des Lois* im siebten Kapitel an, wo er über die anderen Monarchien Europas schreibt, die Macht sei in ihnen »nicht nach dem Modell der besprochenen Verfassung verteilt und eingerichtet«. Jede habe vielmehr eine besondere Machtverteilung, gemäß der sie sich mehr oder weniger der politischen Freiheit annähere. (EL XI, 7)

Der englische Idealfall ist ein hervorragendes und gelungenes Beispiel für eine Verfassung, die den Machtmißbrauch verhindert. Denn Freiheit findet sich in einer Gesellschaft »nur dann, wenn man die Macht nicht mißbraucht; aber es ist eine ständige Erfahrung, daß jeder, der Macht hat, dazu neigt, sie zu mißbrauchen; er geht so weit, bis er auf Schranken stößt [...]. Damit man die Macht nicht mißbrauchen kann, muß die Disposition der Dinge so sein, daß die Macht die Macht zügelt.« (EL XI, 4) Das Machtstreben der Mächtigen soll durch das Machtstreben anderer Mächtiger gezügelt werden; dieser Grundsatz verfassungsmäßiger Organisation führt zur Mäßigung und Kontrolle der Macht und läßt der Freiheit der Bürger Raum. Nur in einer so gemäßigten Verfassung findet man also gesicherte politische Freiheit, da sie die Bedingung erfüllt, daß Machtverteilung und Machtkontrolle erfolgreich und die Macht mäßigend organisiert sind.

In der englischen Verfassung führt die Verteilung der Rechte auf die Organe der Exekutive (Krone und Regierung), der Legislative (Volksvertretung und Adelsvertretung) und der Rechtsprechung (Gerichte) sowie die Abhängigkeit der Amtsinhaber von den unterschiedlichen gesellschaftlichen Kräften zu einer Aufteilung der Macht sowohl unter den sozialen Schichten (Krone, erblicher Adel und Volk) als auch unter den Amtsinhabern. Die Machtverteilung bewirkt zudem die Kontrolle der Amtsinhaber einmal durch andere Ämter, ohne deren Zustimmung sie nicht handeln können, zum anderen in einigen Fällen aber auch die Kontrolle durch diejenigen, ohne deren Vertrauen sie nicht ins Amt kommen oder in ihm bleiben können (Legislative, Gerichte). Vom Bürger [37] bis zum König haben alle verschiedene Rechte und Befugnisse, in denen sie durch die Verfassungsgesetze und durch Institutionen geschützt sind. Die einzelnen Ämter und Institutionen können ihre Befugnisse in aller Regel politisch wirksam nur im Zusammenwirken mit anderen Institutionen und sozialen Kräften ausüben. *Und* die Befugnisse jedes Mächtigen sind an Institutionen gebunden (sieht man von den Bürgerrechten ab, die genau deswegen nicht in die Darstellung der institutionellen Arrangements der Verfassung der Freiheit aufgenommen sind), die von jeweils einer bestimmten sozialen Kraft oder Schicht besetzt werden, aber kein imperatives Mandat kennen.

So sind Mischverfassung (Teilnahme der Stände oder sozialen Kräfte) und Machtverteilung (Kompetenzen der Institutionen, die von den sozialen Kräften besetzt werden) »zwei Aspekte desselben Phänomens« [38].

Sie verhindern despotische Machtkonzentration und sichern Freiheit[39]; aber sie bewirken auch die direkte (König, Adel) oder indirekte (Volk) Mitwirkung aller am politischen Geschehen.

Rikklin hat in seiner Analyse der Montesquieuschen Darstellung der englischen Verfassung hieraus vier Regeln abgeleitet:

»Regel 1: Es dürfen nicht zwei und schon gar nicht drei Gewalten in der ausschließlichen Verfügung einer einzigen sozialen Kraft oder eines einzigen Staatsorgans sein.

Regel 2: Es darf keine der drei Gewalten ausschließlich einer einzigen sozialen Kraft oder einem einzigen Staatsorgan anvertraut sein.

Regel 3: Jede soziale Kraft soll an jeder der drei Gewalten angemessen beteiligt sein, sofern sie ihr unterworfen ist.

Regel 4: Die Gleichheit und Unabhängigkeit jeder sozialen Kraft soll die Grundannahme der Zusammenarbeit bilden, ungeachtet, ob eine soziale Kraft durch eine Einzelperson, durch Wenige oder durch Viele konstituiert ist.«[40]

Es gibt in der englischen Verfassung, wie Montesquieu sie beschreibt, kein *souveränes* Zentrum der Macht. Diese Verfassung kennt statt dessen ein Gleichgewicht der verteilten Macht, das, wenn gehandelt werden soll, der Kooperation der Beteiligten bedarf.

Kratzer am Lack —
Institutionen ersetzen Prinzipien und Menschen

Das Erfordernis der Kooperation weist darauf hin, daß Montesquieus Interpretation der englischen Verfassung nicht so problemlos ist, wie es auf den ersten Blick erscheinen mag. Seine Darstellung, die von der menschlichen Machtgier und den Möglichkeiten ihrer Zügelung ausgeht, ist genaugenommen eine

Variante des uns heute bekannten ökonomischen Marktmechanismus fürs politische Geschehen. Montesquieu geht nur nicht – wie die Ökonomie – von nutzenkalkulierenden, sondern von nach Macht strebenden Amtsinhabern und Menschen aus.[41] Er sucht nach einem Gleichgewichtsparadigma und meint dies in der englischen Verfassung gefunden zu haben. Gleichgewichte haben aber in politischen Angelegenheiten die Eigenart, nicht nur stabil zu sein, sondern oft auch starr zu werden, wenn Veränderungen angestrebt werden. Sie sind dann nicht mehr konservativ, sondern haben die Tendenz, reaktionär zu wirken, Reformen zu blockieren. Montesquieu scheint dieses Problem durchaus gesehen zu haben. Nach seiner Darstellung der gegenseitigen Aneinanderbindung von Volksvertretung, Adelskammer und Krone durch Zustimmungs- beziehungsweise Vetorechte stellt er fest: »Aus diesen drei Gewalten müßte ein Zustand der Ruhe oder Untätigkeit hervorgehen«, um dann diesen Gedanken mit der Bemerkung beiseite zu schieben, daß »sie durch die notwendige Bewegung der Dinge gezwungen sind fortzuschreiten«. Sie seien genötigt, ja gezwungen, »gemeinsam vorzugehen« (EL XI, 6, Abs. 56).[42] Der von Montesquieus Suche nach dem jeweils eine Verfassung mit Leben erfüllenden Prinzip beeindruckte Leser ist von dieser »notwendigen Bewegung der Dinge« (»le mouvement necessaire des choses«) wenig befriedigt. Er stößt hier auf eine Schwachstelle dieser abstrakt-konkreten Modellanalyse, die schon einem anderen aufgefallen ist. »Die Verfassung«, schreibt Alexis de Tocqueville in *Democratie en Amérique*, »die man die gemischte nennt, schien mir immer eine Chimäre zu sein. Es gibt, um es deutlich zu sagen, keine gemischte Verfassung (im diesem Wort unterlegten Sinne), weil man in jeder Gesellschaft letztlich ein Handlungsprinzip (principe d'action) findet, das gegenüber allen anderen vorherrscht.«[43]

Wir wissen natürlich, daß die tatsächlichen Verhältnisse in

England eine durch die gegenseitigen Vetorechte paralysierte Situation in der Praxis nicht kennen. Da gibt es viele gesellschaft-lich-bewußtseinsmäßige Faktoren, die eine Paralyse verhindern. Nur: Im Montesquieuschen Modell reiner Machtbeziehungen können diese nicht vorkommen, weil sie aus anderen Quellen als dem Machtstreben gespeist sind. Sie passen nicht ins Modell und werden deshalb von Montesquieu als »notwendige Bewegung der Dinge« abgeschoben. So kann der Autor des *Esprit des Lois* ver-meiden, darüber zu sprechen, daß natürlich auch in der englischen Verfassung keine ausschließlich machtorientierten Funktions-bündel im System, sondern Menschen und Bürger in der politi-schen Ordnung des Inselreiches politisch tätig sind.

Dieses Ausklammern der vielschichtigen geistig und gesell-schaftlich bedingten Handlungsgründe oder, um es in der Termi-nologie Montesquieus zu sagen, das Ausklammern der Prinzipien und des »esprit général«, begegnet dem Leser im England-Kapitel an mehreren Stellen.

Es geht bei den folgenden kritischen Bemerkungen nicht um die Frage, ob Montesquieu die Stellung des Premierministers, des Kabinetts, die Gerichtsverfassung, das »common law« oder ande-res in England berücksichtigt oder vernachlässigt habe. Es geht auch nicht darum, ob Montesquieu die Kritik Bolingbrokes und seines Kreises an der Verfassungspolitik Walpoles übernommen und überschätzt hat. Meine Kritik richtet sich vielmehr dagegen, daß der Baron de la Brède besondere Handlungssituationen, die keine Verfassung nur durch institutionelles Gegeneinander regeln kann, in seinem Modell, d.h. in seiner Interpretation der engli-schen Verfassung, ausklammert.

So reduziert Montesquieu seine Analyse richterlicher Macht nicht nur auf Geschworenengerichte (Abs. 13), sondern lehnt auch jede Gesetzesinterpretation von Richtern, die diese beim Anwenden der Gesetze entwickeln könnten, ab. Die Auslegung eines Gesetzes, schreibt er, sei nur »eine besondere Meinung des Richters«, der seine Urteile so fällen müsse, »daß sie nie etwas anderes sind als der präzise Gesetzestext« (Abs.17). Mit dieser etwas dunklen Bemerkung verwirft Montesquieu nicht nur die rechtentwickelnde Methode des Richterrechtes; er will anscheinend den Richtern auch verwehren, durch Interpretation der allgemeinen Gesetze diese für besondere Fälle anwendbar zu machen. Die Richter sollen gleichsam, ihrer menschlichen Bemühungen um Gerechtigkeit beraubt, zu Automaten der Gesetzesanwendung werden. Konsequenterweise erklärt Montesquieu denn auch wenige Absätze später, daß die Macht zu urteilen, also die Judikative »gleichsam nicht vorhanden« sei. (Abs. 32) Das ist in der Tat richtig beurteilt. Sollte es gelingen, Recht sprechende Richter tatsächlich auf die Funktion von Gesetze anwendenden Apparaten zu reduzieren, so wäre zu dieser Leistung heutzutage auch ein einfacher Lochkarten-Automat oder ein elektronischer Rechner fähig. Von Macht könnte man in diesem Zusammenhang wirklich nicht sprechen.

Es bleiben also zwei Gewalten übrig: die gesetzgebende und die ausführende. Die letztere erfährt im Verlaufe der Darstellung, wie viele Kommentatoren bemerkt haben, eine Wandlung. Am Anfang des England-Kapitels spricht Montesquieu tatsächlich von zwei vom Gegenstandsbereich her sehr wohl unterscheidbaren Exekutiv-Gewalten: der völkerrechtlichen Macht, die über Krieg, Frieden und internationale Verträge entscheidet, man könnte sie auch die außenpolitische nennen, und von der Macht, die Dinge ausführt, welche vom innerstaatlichen Recht abhängen (Abs. 1). Die Exekutivmacht in Fragen der Innenpolitik, die in Montesquieus Darstellung kurz zur Rechtsprechung wird (Abs. 2), ist später die Exekutive im auch heute geläufigen Sinne. Die Exekutivmacht »der Angelegenheiten, die vom Völkerrecht abhängen«, verschwindet dagegen aus der Darstellung der englischen Verfassung. Dafür werden keine Gründe genannt, noch sind vordergründig solche erkennbar. Es liegt auf der Hand: Außenpolitische Kompetenzen sind in das selbstgenügsame System der Gewichte und Gegengewichte nicht ohne weiteres integrierbar. Die von internationalen Entscheidungen und Verträgen Betroffenen sind ja *auch* andere Staaten. Nach innen aber binden völkerrechtlich verbindlich abgeschlossene Verträge – zur Zeit Montesquieus also Verträge, die zwischen den verschiedenen Fürsten abgeschlossen werden – einen Staat. Die anfangs genannte und dann nicht mehr behandelte außenpolitische Exekutivmacht könnte wohl, wie die erwähnte Ablehnung der Gesetzesauslegung durch die Richter, dem Systemgedanken zum Opfer gefallen sein. Denn ganz offensichtlich sind bei Fragen der Außenpolitik andere Wege der Konsensbildung und der Machtausübung maßgeblich als bei der inneren Ordnung. Nur innenpolitische Macht kann durch Ausbalancierung im Gleichgewicht gehalten werden, wie dies etwa in Fragen der Besteuerung oder der Strafgesetze geschieht. Da man jedoch keine Hinweise im Text findet, ist man hier auf Vermutungen angewiesen ...

Aber die Reduktion der englischen Richter auf Automaten der Gesetzesanwendung ist kein Einzelfall im England-Kapitel Montesquieus.

Der Einengung der Richter auf eine entpersönlichte Rechtsprechung entspricht eine Reihe von apodiktischen Sätzen, in denen der Verlust der Freiheit behauptet wird, wenn nur bestimmte Regeln der Machtverteilung zwischen den Institutionen und Ständen oder sozialen Kräften nicht eingehalten werden.

Rikklin spricht im Zusammenhang mit der ständigen und oft variierten Formel »Es gibt keine Freiheit, wenn ...«, die er elfmal vorfindet, vom »rhetorischen Mittel der Wiederholung« [44]. Die aufregendsten Aussagen, die der Leser unter jenen Sätzen findet, sind zweifellos die, in denen die Haupteigenart des englischen

Parlamentarismus auch der Zeit Montesquieus als freiheitswidrig bezeichnet wird (Abs. 4 und Abs. 37). Wenn die Exekutive mit Personen aus dem Legislativkörper besetzt ist, »dann gibt es keine Freiheit« (Abs. 4). Man kann über die von Montesquieu vorgetragene Einschränkung, dies gälte nur, wenn es keinen Monarchen gäbe (Abs. 37), oder über die Funktionentrennung der Ämter bei personaler Identität von Exekutive und Mitgliedern der gesetzgebenden Körperschaften sicher trefflich streiten. Aber die Aussage: »Wenn in der gleichen obrigkeitlichen Körperschaft die gesetzgebende mit der vollziehenden Gewalt vereinigt ist, gibt es keine Freiheit« (Abs. 4) und der Satz: »Gäbe es keinen Monarchen und wäre die vollziehende Gewalt einer bestimmten Zahl von Personen anvertraut, die der gesetzgebenden Körperschaft entnommen wären, dann gäbe es keine Freiheit mehr« (Abs. 37) behaupten, daß parlamentarische Regierung freiheitswidrig sei. Diese These schlägt aller Erfahrung mit parlamentarischen Regierungssystemen ins Gesicht. Was in den apodiktischen Sätzen Montesquieus sichtbar wird, ist ein – fast möchte man sagen »blinder« – Institutionenglaube. Die Meinung, daß ein Abweichen vom Pfade der richtig einander zugeordneten Verfassungsinstitutionen zur Unfreiheit führe, ist ein hartes Diktum. Die treibenden Handlungsmotive der Politiker werden in dieser Aussage ebenso ausgeblendet wie gesellschaftlich-konventionelle oder persönliche Gründe der Mäßigung und Freiheitserhaltung. Loyalität zur Verfassung, der »esprit«, der eine politische Klasse innerhalb der Verfassung agieren ließe, und die Bereitschaft, die Bürgerrechte zu respektieren, spielen ebensowenig eine Rolle wie die Möglichkeit, seine Rechte gegenüber den Institutionen, die gegen sie verstoßen, durch Wahlen, vor Gerichten oder durch passiven Widerstand zu erkämpfen. Die Freiheit ist ja bei Fehlerhaftigkeit des institutionellen Rahmens nicht *gefährdet*, sondern – so Montesquieu – von Verfassungs wegen nicht *vorhanden.*

Montesquieu behauptet, die von ihm beschriebene Trennung der Institutionen sei die einzige Stütze und Garantie für Freiheit. Er insistiert auf der Apparathaftigkeit der englischen Verfassung. Seine Interpretation gleicht damit mehr der ingenieurhaften Beschreibung eines Mechanismus als der Analyse der institutionellen und anderen Bedingungen der Freiheit von Bürgern in Gesellschaft, die sich mittels der Institutionen repräsentieren und ihre Freiheit sichern. Diese Apparathaftigkeit wird auch in seiner Darstellung der wechselseitigen Vetorechte sichtbar. (Abs. 35)

Die Gewißheit eines potentiellen Vetorechts, das im Bewußtsein dessen, der das Initiativrecht hat, doch ebenso präsent ist wie in der Verfassung selbst, trägt doch schon vor der tatsächlichen Initiative zur Mäßigung bei. Das Vetorecht der Adelskammer vor allem in Steuerfragen (Abs. 34) bezeichnet, auch wenn es ohne Initiativrecht gegeben ist, Grenzen, aber nicht die Praxis des tatsächlichen Entscheidungsprozesses. Besteht ein Vetorecht der Adelskammer, so werden alle Fragen, die die Interessen des Adels direkt betreffen, durch einen informellen Prozeß des Aushandelns zwischen Volkskammer und Adelskammer geprägt sein und nicht von der tatsächlichen Ausübung dieses Rechtes. Das setzt aber erneut andere Qualitäten der Beteiligten voraus als nur die angenommenen der Machtorientierung. Dies gilt mutatis mutandis auch für das Vetorecht der Krone (Abs. 53 und 57).

Der einzige Fall, in dem Montesquieu die vorgetragenen Implikationen ausschließlicher Machtorientierung unbeachtet läßt, um ein Element der Mäßigung zu behandeln, das nicht dem angeblichen Mechanismus der Institutionen, sondern dem Bewußtsein der Handelnden entspringt, steht im Absatz 32 des England-Kapitels. Nach Wegfall der judikativen Gewalt, die »gleichsam nicht vorhanden« ist, stehen Krone und Volksvertretung einander vermittlungslos gegenüber, »und da sie einer regelnden Macht bedürfen, die sie mäßigt, ist der Teil der Legislative, der aus Adligen besteht, sehr geeignet, diesen Effekt zu bewirken«[45].

Warum allerdings gerade aus einer Standesvertretung, deren Vorrechte »für sich genommen hassenswert« sind (Abs. 33), diese Mäßigung hervorgebracht werden sollte, bleibt ebenso unklar wie die Frage, warum es tatsächlich »keine Freiheit mehr gäbe«, wenn es möglich wäre, den Fürsten des Gesetzesbruches oder des Hochverrates anzuklagen (Abs. 45). Montesquieu verweist zwar auf die Ausweichmöglichkeit der Ministeranklage (Abs. 46)[46], aber kriminelle Unternehmungen königlicher Machthaber selbst, die ja bis zum Hochverrat gehen können, will er strafrechtlich folgenlos lassen. Er fürchtet offensichtlich den Mißbrauch der Anklagerechte etwa durch die Volksvertretung.

Daß es für eine Volksvertretung ebenso wie für die Adelskammer vor einer Klage gegen den König ein Element der Mäßigung geben könnte, das jenseits des institutionellen Arrangements im Bewußtsein der Handelnden seinen Platz hat, wird nicht behandelt. Montesquieu müßte, wenn er darauf einginge, den englischen »common sense« und den Geist der Mäßigung, der nicht nur die Verfassungsinstitutionen, sondern auch das Bewußtsein der Politiker regiert, benennen und das rein mechanische Modell verlassen.

Daß die Immunität aber gerade für die Person des Fürsten gelten soll, daß er nicht des Gesetzesbruches, des Verfassungsverstoßes oder des Hochverrats angeklagt werden darf, ist kein Zufall. Während in allen anderen Fällen Institutionen in ihrem Verhältnis zueinander analysiert und interpretiert werden, sind bei der Spitze der Exekutive die Person des Fürsten und die Institution identisch. Um das Apparathafte des Ganzen nicht zu verletzen, wird der Fürst, der ja als Person durchaus kriminell sein könnte, zur Institution erklärt, die außerhalb des Strafrechts steht.

Montesquieus Interpretation der englischen Verfassungsstrukturen im Kapitel 6 des elften Buches seines Werkes *De l'Esprit des Lois*, die ein Modell freiheitlicher Verfassung schlechthin zu sein scheint, entpuppt sich bei genauer Analyse an etlichen Stellen als Darstellung eines blinden Mechanismus, der scheinbar handelnder Menschen, die auch anderes im Sinn haben als Machterwerb, Machterhalt und Machtausübung, nicht bedarf. Der Versuch, die handelnden Menschen, ihre vorherrschenden und sie treibenden Bewußtseinslagen nicht in die Analyse aufzunehmen, stößt an Grenzen.[47]

Der Fehler des Modells ist im Bemühen Montesquieus erkennbar, ein institutionelles Arrangement zu entwerfen, das ein abstraktes Konstrukt darstellt. Die Menschen im Bild der englischen Verfassung Montesquieus werden als Funktionsträger des Apparates interpretiert, die zentral vom Machtstreben bestimmt sind; und genau deswegen stößt das Modell an seine Grenzen. Machtstreben wird als Übel identifiziert; aber es wird nur mit dem Gegengift des Machtstrebens anderer bekämpft. Der scheinbare Realismus des interpretierenden Modells erweist sich – jenseits dessen, daß er die englische Verfassungsrealität nur unvollkommen beschreibt; aber Vollständigkeit der Beschreibung ist nicht das Ziel dieses Modells – als trügerisch, weil er die Wirklichkeit nicht zu erklären vermag.

Die Verfassung der Freiheit bleibt für Montesquieu ein Konstrukt aus institutionellen Mechanismen: den Verfassungsgesetzen. »Ich will gar nicht untersuchen«, schreibt er gegen Ende des England-Kapitels (Abs. 69), »ob die Engländer derzeit diese Freiheit genießen oder nicht. Es genügt mir zu sagen, daß sie durch ihre Gesetze eingeführt ist, das weitere untersuche ich nicht.«

Die Modellinterpretation der englischen Verfassung steht wegen ihres Verzichts auf die Untersuchung der in der Verfassung wirkenden Prinzipien in eigenartiger Spannung zum Gesamtwerk des Baron de La Brède et de Montesquieu.[48]

Daß gerade dieser Teil des Werkes von Montesquieu eine so große Wirkung auf das kontinentaleuropäische Staatsrecht und auf die amerikanische Verfassungsdebatte hatte, ist – gelinde gesagt – verblüffend.

Die Verblüffung verringert sich erst, wenn man sich bewußt macht, wie sehr die vorgetragenen mechanistischen Vorstellungen von allen anthropologischen und ethischen Überlegungen entlasten, die ansonsten das gesamte Werk Montesquieus durchziehen.

Patriotismus und die Aufwands- und Ertragsrechnung

Im Kapitel über die englische Verfassung versucht Montesquieu, die Verfassung der Freiheit allein als Ergebnis institutioneller Arrangements zu rekonstruieren. Es geht ihm nur um die Verfassungsgesetze und um das Arrangement der Institutionen. Es ist aber nicht so, daß Montesquieu diese Beschränkung im 19. Buch aufhebt. Seine Darstellung der freiheitlichen Sitten und Gebräuche Englands, die er dort gibt, untersucht *nicht* die Bewußtseinslagen der politisch *in den Institutionen* Handelnden, die das institutionelle Gefüge mit Leben erfüllen. Es handelt sich um eine Ergänzung der Gesamtdarstellung, aber nicht um eine Korrektur der Darstellung des institutionalistischen Apparates. (EL XIX, 27) Diese zweite Darstellung eines Teilbereiches der englischen Gesellschaft untersucht ausschließlich die Wirkungen, die sich aus dieser institutionellen Ordnung und ihrer geschichtlichen Genesis »ergeben mußten, den Volkscharakter, der sich entwickeln konnte und die Gebräuche, die daraus entstanden« (EL XIX, 27).

England bedeutet für Montesquieu in der Tat ein besonderes Problem. Es ist der eigenartig gemischte Charakter der Verfassung und des Geistes dieser Gesellschaft, der ihn im fünften Buch des *Esprit des Lois* sagen läßt, es handle sich um »eine Nation, bei

der sich die Republik unter der Form einer Monarchie verbirgt«
(EL V, 19). Eine eigenartige Republik, das erkennt er, in der nicht
die Tugend, sondern der Handel die Hauptrolle spielt. »Das Geld
ist hier aufs Höchste geschätzt«, hält er in seinen Reisenotizen
fest, »Ehre und Tugend wenig«[49]. Und auch wenn er niederschreibt, daß England »das freieste Land der Welt« sei, weil die
Macht des Königs durch Gesetze und das Parlament beschränkt
und kontrolliert ist, zeigt er sich doch vom englischen Leben ange-
widert. »Die Engländer sind ihrer Freiheit nicht würdig«, stellt er
fest, »sie verkaufen sie an den König; und wenn der König sie
ihnen zurückgäbe, würden sie sie ihm nochmals verkaufen.« In
England gebe es weder Ehre noch Tugend, die Untertanen des
Königs hätten hiervon nicht einmal eine Vorstellung.[50]

Tatsächlich entsprechen seine Erkenntnisse über das englische
politische Leben mehr dem, was er über die Handelsmacht Karthago geschrieben hat, als dem, was er über Tugenden, die die
Republiken beleben, schreibt. Es handelt sich um eine Händlerre-
publik, die nur nicht all die Schwächen hat, die Montesquieu sonst
bei diesen feststellt.

Durch den Handel begründete Republiken wie Karthago können – so Montesquieu – in ihrer Mittelmäßigkeit lange bestehen.
Aber sie sind von ihren ausschließlich ökonomischen Interessen
innerlich zerrissen, wenn sie in militärische Auseinandersetzungen verstrickt werden. Die Karthager waren, indem sie auch den
Krieg gegen Rom ihren Kalkulationen von Aufwand und Ertrag
unterwarfen, nicht nur den Römern unterlegen, weil sie nicht
unbedingt bis zum Siege kämpfen wollten, die kaufmännische
Kalkulation spaltete auch die Gesellschaft. Es gab Gegner des
Krieges, die aus wirtschaftlichen Gründen den Frieden wollten.
Ebenso gingen die Befürworter militärischer Operationen von
ökonomischen Überlegungen aus. Die Tugend der Vaterlandsliebe war durch ökonomisches Kalkül ersetzt, das die Gesellschaft

spaltete – eine Hauptursache des Untergangs der großen Konkurrentin Roms. (C IV)

Die Dominanz ökonomischer Interessen – beschreibt Montesquieu in den *Considérations* – schwächte nicht nur Karthago, sondern auch andere Kriegsgegner Roms und machte sie so für den Sieg der Römer reif. (C V und VIII) Und eben dieses Vordringen des Wohlstandsstrebens ruinierte auch Rom und sein Weltreich. (C X)

Der Handel, der zur Bildung großer Vermögen und zur Vorherrschaft massiver Privatinteressen führt, stellt also tendenziell eine Gefährdung von Republiken dar, weil diese die Konsistenz der Gesellschaft zerstören.

Die englische Verfassung ist nach Montesquieu nicht diesen Fehlern vieler anderer Handelsrepubliken verfallen, weil sie sich ständig selbst überprüft und kontrolliert. (C IV) Um deutlich zu machen, daß seine Feststellungen über Karthago für England nicht zutreffen, betont Montesquieu im *Esprit des Lois* in Widerspruch zu den oben zitierten Reisenotizen, daß die Liebe der Engländer zu ihrer Freiheit im Falle eines Angriffs ein Höchstmaß an Verteidigungsbereitschaft hervorrufen würde. Wegen seiner praktischen Freiheitserfahrung wird das Volk »bereit sein, zu ihrer Verteidigung sein Vermögen, seinen Wohlstand, seine Interessen zu opfern und die härtesten Abgaben auf sich zu nehmen« (EL XIX, 27). Freiheitsliebe und Interesse werden zudem im Falle äußerer Bedrohung verbunden werden, da die Regierung, »um die Freiheit zu bewahren, bei den Untertanen Anleihen aufnehmen wird«, mit denen sie den Krieg finanziert, so daß ökonomisches Interesse an der Rückzahlung der Kredite und Patriotismus gemeinsam und miteinander verknüpft ein Ansporn zur Verteidigung der Freiheit sein werden.

Aber der Hauptgrund für die Überlebensfähigkeit, Stabilität und Zeitgemäßheit der politischen Ordnung Englands ist ein anderer: Die Geschichte des kriegerischen Geistes, der großen Eroberungen und der gewaltsamen Expansionen, die Alexander den Großen oder Rom zu Herren der Welt gemacht hatten, ist durch eine andere Form des Kampfes um Macht und Einfluß abgelöst: den Handel. (P: M 810; C 1228) Die »natürliche Wirkung des Handels aber« besteht darin, »zum Frieden geneigt zu machen. Zwei Völker, die miteinander Handel treiben, werden wechselseitig voneinander abhängig [...] und alle Verbindungen beruhen auf den wechselseitigen Bedürfnissen.« (EL XX, 2) Nicht mehr der Krieg, sondern der Handel ist die Fortsetzung der Außenpolitik mit anderen Mitteln. Die Folge sind Republiken, die, vom wirtschaftlichen Interesse zusammengehalten, der Tugend weniger bedürfen und die sich auch unter der Form einer Monarchie verbergen können.

Schon in den ersten Büchern des *Esprit des Lois* berücksichtigt Montesquieu diese Art einer politischen Ordnung, die vom Handelsgeist und nicht von der Tugend der Bürger belebt ist, als eine mögliche Abweichung von seinem Idealtypus der Republik. »Es ist richtig«, schreibt er, »daß es in einer Demokratie, die auf Handel beruht, sehr wohl vorkommen kann, daß einzelne Bürger großen Reichtum besitzen, ohne daß die Sitten darunter leiden. Dies deshalb, weil der Handelsgeist den Geist der Einfachheit, Sparsamkeit, Mäßigkeit, des Fleißes, der Klugheit, Ruhe und der geregelten Ordnung mit sich führt.« Seine Analyse der puritanisch geprägten Republiken dringt nicht bis zu dem Punkt vor, den in der Moderne Max Weber aufdeckt.[51] Den Zusammenhang zwischen protestantischer Ethik und Handelsgeist, der nicht zum Konsum drängt, deutet er zwar kurz an (EL XXIV, 23); aber er dringt nicht zu einer Untersuchung der Verbindung von asketischer Lebensweise und kapitalistischem Geist vor, der die calvinistischen Handelsrepubliken prägt. Montesquieu sieht nur den Zusammenhang zwischen politischer Ordnung und Lebensweise.

Erst wenn der Reichtum einzelner den Geist der Zurückhaltung in den privaten Ausgaben zerstöre, »treten plötzlich die Folgen der Ungleichheit auf, die vorher nicht fühlbar waren« (EL V, 6). Die Folge der Ungleichheit ist das Fehlen der Tugend, die Montesquieu in England beobachtet, und die auch nicht durch das Prinzip der Ehre ersetzt wird.

Handel, Verkehr von Waren und Menschen zwischen den Nationen aber sind für Montesquieu voller Ambiguitäten. Der Handel führt zum Frieden im Interesse aller (EL XX, 2), die Vorteile aus dem Handel ziehen. Er beseitigt Vorurteile, aber er verdirbt auch die reinen Sitten. Er macht die Menschen sanfter und mildert die Sitten zumindest der wenig Zivilisierten, und er vergrößert die Kenntnisse der verschiedenen Völker übereinander. (EL XX, 1) Für die einzelnen Menschen hat der Geist des Handels, der vom Geben und Nehmen, von Austauschverhältnissen bestimmt ist, weitere Wirkungen: Montesquieu stellt indigniert fest, daß in den Ländern, in denen die Menschen vom Handelsgeist beseelt sind, »auch mit allen menschlichen Handlungen und allen sittlichen Tugenden Handel getrieben wird: selbst die kleinsten Dinge, die die Menschlichkeit gebietet, werden dort nur gegen Geld getan oder gewährt« (EL XX, 2). In einer Fußnote weist er auf Holland hin, über das er in seinen Reisenotizen festhält: »Alles, was man mir über die Habgier, die Unwahrhaftigkeit und die Betrügerei der Holländer erzählt hat, ist nicht übertrieben, es ist die reine Wahrheit [...] das Herz der Bewohner dieses Landes, die vom Handel leben, ist vollkommen verrottet: Sie werden Ihnen nicht den kleinsten Dienst erweisen, weil sie hoffen, daß man ihn ihnen abkauft.«[52]

Gewinne aus dem Handel können zur Reinvestition verwandt werden oder zur Finanzierung luxuriösen Lebens. Während das erstere zur Macht und zum Ansehen des Staates beiträgt, führt das Luxusleben für Republiken, wegen der Ungleichheiten, die es hervorruft und deutlich macht und wegen der dadurch bewirkten Zerstörung der Tugend – die ja ein gewisses Maß von Gleichheit erfordert – zum Ruin.

In Handelsrepubliken gibt es große Handelshäuser mit kontinuierlichen Geschäftsbeziehungen, die allerdings nur solange der Geist der Mäßigung die Kaufherren im Zaum hält ohne Schaden für die Ordnung sind. Die große Rechtssicherheit in den Republiken verschafft diesen dann große Vorteile gegenüber den Monarchien, die ihrerseits weniger häufig kontinuierliche Handelsbeziehungen unterhalten. Die große Macht der Kaufleute, die sich aus diesen Beziehungen ergibt, wird in Monarchien nicht gefördert, oft nicht einmal geduldet. In Monarchien sind – so Montesquieu – die Kaufleute deshalb eher an einmaligen großen Gewinnen interessiert. (EL XX, 4)

Erneut wird die spezifische Eigenart Englands, dieser »Republik unter der Form einer Monarchie«, bedeutungsvoll. Friede und Freiheit haben das Land wohlhabend gemacht, es besitzt Rohstoffe, die zu gut verkäuflichen Waren verarbeitet werden können, und es hat auch Bedarf an Importen. Die Engländer sind unter ihrer Regierungsform ein Handelsvolk mit intensiven und kontinuierlichen Handelsbeziehungen geworden. (EL XIX, 27) Der Handel aber bringt – und dies ist nicht ohne Bedeutung für die Überlegungen Montesquieus – dort, wo er als regelmäßige Tätigkeit in der Gesellschaft bedeutungsvoll wird, ein bestimmtes Bewußtsein hervor, den schon angesprochenen »Handelsgeist« (»esprit de commerce«). Dieser bewirkt bei den Menschen ein gewisses Gefühl von Rechtschaffenheit bei der Erfüllung von Verträgen, das einerseits jeder Räuberei, andererseits aber auch jenen moralischen Tugenden gegenübersteht, nach denen man nicht bei jeder Frage seine eigenen Interessen diskutiert, sondern sie auch einmal wegen der der anderen hintanstellt. (EL XX, 2) Montesquieu läßt keinen Zweifel daran, was er von dieser Art von Rechtschaffenheit hält. Zwar gebe es bei Handelsvölkern keinen Straßenraub, »den Aristoteles unter den Erwerbsarten aufzählt. Dessen Geist allerdings«, so fährt er spitz fort, »schließt gewisse moralische Tugenden nicht aus: zum Beispiel die Gastfreundschaft, die bei Handelsvölkern sehr selten, bei Räubervölkern dagegen oft in bewundernswertem Maße anzutreffen ist.« (EL XX, 2) Großzügigkeit, Freigebigkeit und Großherzigkeit – Tugenden, die die Menschen jenseits kalkulierter Zweckmäßigkeit verbinden – finden sich in den kaufmännisch geprägten Republiken nicht.

Es ist unübersehbar, daß die Wirkungen dieses Gefühls der Rechtschaffenheit von Montesquieu bewundert werden. Doch er teilt dieses Gefühl nicht; im Gegenteil, er findet es verächtlich. Das Kind des Geistes des Handels, die exakte Rechtschaffenheit, ist ein fader Ersatz für die politische Tugend.

7. Monarchien und Despotismus —
Die Verfassungen 3

Ein Mann, der deshalb von seinen Mitbürgern für
»verrückt« erklärt wird, will nicht aufhören,
die Ungerechtigkeiten in der Welt zu benennen
und anzuklagen. Ein alter Freund fragt ihn
indigniert, warum er denn all diese
Ungerechtigkeiten ständig beklage und
anklage. »Du wirst die Welt nicht ändern«,
versucht er ihn zur Zurückhaltung zu bewegen.
»Das ist wahrscheinlich leider richtig«,
sagt der Verrückte, »ich glaube kaum,
daß ich die Welt ändern werde. Aber ich
habe Angst, daß die Welt mich ändert.«

Bei der Diskussion der Prinzipien gemäßigter politischer Ordnungen habe ich darauf hingewiesen, daß Montesquieu die
Tugend der Republiken und die Ehre der Monarchien durch
ständigen Vergleich in ihren Eigenarten plausibel macht. Man
kann mit demselben Recht behaupten, daß Montesquieu den
Despotismus in immer neuen Vergleichen mit den Eigenarten der
Monarchie konfrontiert, um deren spezifische Gefährdung zu
verdeutlichen.

Tatsächlich ist die Darstellung der drei Prinzipien und der
ihnen entsprechenden Regimetypen durch die beiden angesprochenen Vergleichsmuster geprägt. Dies ist auch nicht verwunder-
lich. Das komparatistische Unternehmen Montesquieus entwickelt seine Kriterien und Beurteilungsmaßstäbe an dem Bild
der Republiken, zeigt daneben und im Vergleich auf, daß ähnlich
positive Leistungen auch von Monarchien erbracht werden können, selbst wenn dies gar nicht von den in der Ordnung Handeln-

den intendiert ist, und er führt dem Leser durch den Vergleich von Monarchien und Despotien vor, wie die Vorteile monarchischer Regierung im Despotismus zerstört werden oder gar nicht gegeben sind.

Der Despotismus ist für Montesquieu, wir haben darauf hingewiesen, die übelste und schlimmste Form der Herrschaft von Menschen über Menschen. Aron schreibt, es handle sich beim Despotismus um »das absolute politische Übel«[53]; und Goyard-Fabre geht in ihrer jüngsten Arbeit über Montesquieu noch einen Schritt weiter: Es sei die Natur despotischer Regierung, widernatürlich zu sein.[54]

In der Tat ist unübersehbar, daß die reine Form des Despotismus für Montesquieu gleichsam das Negativbild par excellence von politischer Ordnung darstellt. Der Despotismus, wie ihn Montesquieu beschreibt, ist weniger eine Regierungsform als die Regierung einer Person, die sich gerade dadurch auszeichnet, daß sie keine Formen hat. Der Despotismus als Herrschaftstypus ist das persönliche Regime eines Menschen, der, durch keine Gesetze oder von ihm unabhängige Machtstrukturen, Organisationen oder Rechte seiner Untertanen gehindert, seinen Willen zum Gesetz des ihm unterworfenen Landes macht. Da der Wille des despotischen Herrschers natürlich nicht immer der gleiche ist, sondern von seinen Einfällen, Launen, Stimmungen und Vorlieben abhängt, besteht kein Gesetz im juristischen Sinne des Wortes. Es gibt kein Gesetz, das kontinuierlich gilt, auf das man sich verlassen kann und das den Angelegenheiten Stabilität und Dauer verleiht. Was immer der Despot will, ist Gesetz. Was er besitzen will, wird sein Eigentum. Was er unternehmen will, wird zum Unternehmen des Staates. Wen er schätzt, der wird sein Günstling. Wen er haßt, den läßt er töten. Die Untertanen sind sein Eigentum, über das er verfügt. Der Despot lebt seine Launen, Leidenschaften, Wünsche und Begierden in einer Umgebung aus, die er selbst auswählt: dem Hofstaat oder »Palast«. Er ist umgeben von Höflingen, die seinen Launen dienen. Aber da außer dem wechselnden Willen des Despoten keine Gesetze und Regeln des Zusammenlebens existieren, ist seine Umgebung von Furcht geprägt. Seine Vorlieben können zwar einen Günstling reich und mächtig machen, sie können ihn aber im nächsten Augenblick auch vernichten.

In despotischen Verfassungen gibt es nur einen Willen: den des Herrschers. Alle Bremsen, Einschränkungen oder Verzögerungen sind systemwidrig. »Man hat Befehl erhalten, und das genügt.« (EL III, 10) Es gibt weder Gnade noch Berufungsinstanzen gegen den Willen des Despoten.

Diese Allmacht des Despoten, die seinen wechselnden Willen zum einzigen Gesetz macht, ist auch seine höchste Gefährdung. Da keine Regel des Zusammenlebens außerhalb des despotischen Willens besteht und da nur die hinter dem Willen stehende Gewalt diesen allmächtig macht, liegt der Ursprung der Stellung des Despoten in der Gewalt selbst. Wo aber die Gewalt der einzige Ursprung der Macht ist und es keine andere Legitimationsquelle gibt, kann sich die Gewalt auch gegen den Despoten selbst richten. Die Revolte ist im Gewaltsystem der Despotie gleichsam eingebaut. Der Despot muß deshalb ständig bemüht sein, möglichen Revolten zuvorzukommen, d. h. er hält auch seine nächste Umgebung – denn aus dieser kann die ihn zerstörende Gewalt kommen – ebenso in ständiger Furcht wie das ganze Land. Die Furcht des Despoten um sein Leben und um seine Stellung ist so der letzte Grund für die Furcht und die Unsicherheit, die er verbreitet.

Die Unsicherheit erfaßt die ganze herrschende Schicht, da es weder ein der Willkür des Herren entzogenes Eigentum gibt noch eine Regelung der Thronfolge. (EL, V, 14) Alles ist vom wechselnden Willen des Herrschers abhängig, der seinerseits das Reich nur als einen Zulieferungsbetrieb für seinen Hof nimmt; was darüber hinausgeht, interessiert ihn nicht. Da er nur seinen Launen und Begierden folgt, wird er die Angelegenheiten seines Reiches einem Wesir übertragen, der für ihn das mühsame Geschäft des Regierens übernimmt. Dieser Wesir herrscht im Namen des Despoten mittels einer Verwaltung, die vom Zentrum in Abhängigkeit gehalten wird: durch Furcht vor den Launen des Herrschers. Unter dem vom Despoten eingesetzten Wesir gibt es Statthalter in den Provinzen und Städten, die ganz nach Belieben eingesetzt und abgesetzt werden können. Dies und die Möglichkeit, auch mittels Strafen, die nicht an Gesetze und Prozeßvorschriften gebunden sind, jederzeit jeden an Herrschaft, Verwaltung und den Besitztümern Beteiligten durch den »Palast« um Güter, Familie oder Leben zu bringen, führt zu Furcht in der gesamten herrschenden administrativen Klasse.

Jeder, der etwas zu verlieren hat, sei es sein eigenes Leben, seien es seine Frau, seine Kinder, sei es sein Vermögen, wird sich bemühen, so wenig wie möglich vom Geschätzten in Erscheinung treten zu lassen. Die von der Furcht vor dem Despoten bestimmte Gesellschaft reduziert sich in ihrem sozialen Leben auf das Nötigste. Die Mitglieder der Gesellschaft verbergen sich und ziehen sich auf sich selbst und ihren privaten Bereich zurück. Die Gesellschaft außerhalb der Umgebung des Herrschers kennt keine Öffentlichkeit. Die Kommunikation der Untertanen reduziert sich auf ein Minimum, Informationen werden nur heimlich weitergegeben, Wissen und Kenntnisse werden verborgen. Die Furcht, bemerkt zu werden, hervorzuragen, bestimmt die Menschen.

Das Material für die Illustrierung dieses Idealtyps einer Anti-Ordnung entnimmt Montesquieu im *Esprit des Lois* vornehmlich dem, was er über die Türkei, das Persische Reich, Japan, Rußland und China in Erfahrung bringen kann. Mit Material aus diesen Ländern außerhalb der christlich-europäischen Kultur macht er diesen Regimetypus plausibel und verständlich.

Es ist aber ebenso unübersehbar, daß die Herrschaft der römischen Caesaren, die er besonders in den Kapiteln 14 bis 18 der *Considérations* beschreibt und analysiert, schon einen großen Teil jener Elemente enthält, die er im Hauptwerk als Eigenarten des Despotismus bezeichnet.

Der Rückzug des Herrschers in einen abgesonderten Hofstaat und die Überantwortung des Regierens an Wesire (C XVII, 165) werden für das Rom der Caesaren ebenso beschrieben wie die allgemeine Rechtlosigkeit, die sich im willkürlichen Verändern des Rechtes zeigt (z.B. C XVI, 158). Die Caesaren werden als unmenschliche »Monster« gezeigt (C XV, 150, 153; XVI, 155, 156), die ihre »schmutzigen Begierden« ausleben (C XVII, 166). Furcht ist nicht nur beim Volk, sondern auch bei den Caesaren vorherrschend (z.B. bei Tiberius, C XIV, 145).

Die ersten Anfänge von Montesquieus Reflexionen über den Despotismus findet der Studierende seiner Werke allerdings noch früher. In seinen Notizen hat Montesquieu einen Gedanken — oder besser die assoziative Verbindung zweier Gedanken — festgehalten, der in seinen veröffentlichten Werken wie in den Gedankennotizen immer wieder auftritt.

Etwa im Jahre 1733 oder 1734, kurz vor der Veröffentlichung seiner Arbeit über die Römer, schreibt er: »Die despotische Verfassung behindert die Fähigkeiten ihrer Untertanen und der großen Menschen, wie die Macht [im ursprünglichen Manuskript heißt es ›wie die Herrschaft‹] der Männer die Fähigkeiten der Frauen behindert.« (P: M 596; C 182a)

Die scheinbar assoziative Verbindung von Despotismus und Macht der Männer über Frauen ist allem Anschein nach mehr als nur scheinbar. Montesquieu beobachtet eine enge Verbindung zwischen Despotismus und der Versklavung von Frauen, und darüber hinaus sieht er Herrschaft überhaupt sehr eng mit dem Verhältnis von Männern und Frauen verknüpft. Frauen scheinen für ihn am massivsten von jeder Form von Herrschaft betroffen zu sein; eben weil sie die Schwächeren sind. [55] So schreibt er schon früh in den *Pensées* über Ehen: »Die ersten Verbindungen geben uns den Eindruck einer völligen Gleichheit und einer ebenso süßen wie natürlichen Einheit. Erst mit den despotischen Reichen wurde diese Sklaverei der Frauen etabliert. Die Herrscher, immer ungerecht, begannen damit, dieses Geschlecht zu mißbrauchen und sie fanden Untertanen, bereit sie nachzuahmen. In den Ländern der Freiheit hat man derartige Unverhältnismäßigkeiten nie gesehen.« (P: M 205; C 1928)

Auch in den *Lettres Persanes* sind erneut die Frauen im Serail die untersten Glieder einer Unterdrückungspyramide, die vom Herren, Usbek, beherrscht wird. Dieser bedient sich der Mittler der nicht tatsächlich männlichen Sklaven – die Eunuchen sind zwar Teile des Unterdrückungsapparates, aber auch selbst Unterdrückte –, während zuunterst die Frauen des Serails Opfer der Unterdrückung sind.

In den *Persischen Briefen* wird von der Despotie wenig mehr beschrieben als diese Unterdrückungspyramide, die aber doch als symbolische Darstellung des Despotismus überhaupt interpretiert werden kann. Montesquieu stellt das Serail als Zentrum unmenschlicher Unterdrückung dar, das die Besonderheiten despotischer Herrschaft wie unter einem Brennglas konzentriert ausleuchtet. [56]

Im Serail regiert Usbek mittels seines Statthalters, während er selbst sich in der Welt informiert und sich vom Charme und von der Fremdartigkeit Frankreichs gefangennehmen läßt. [57] Die Mittel der Herrschaft sind Angst, Eifersucht, Verdächtigungen, Intrigen, schließlich reine Gewalt und vor allem Isolierung der Frauen im Serail auch untereinander. Konditioniert werden die Menschen für diese Form der Herrschaft durch Gewöhnung. Sowohl die Frauen [58] als auch die Knechte des Herrschers, die Eunuchen [59], sind einem einübenden und Gewohnheiten ausbildenden Sozialisationsprozeß unterworfen, der sie für das Leben im Serail zurechtbiegt. Die geliehene Macht der Eunuchen führt mehr noch als deren körperliche Verstümmelung zu ihrer menschlichen Deformation, da sie einerseits ständig um die Gunst ihres Herren buhlen müssen, während sie andererseits mit den Intrigen und Schikanen der verwöhnten und unselbständigen, unterworfenen Frauen konfrontiert sind. (LP IX) Die Eunuchen müssen ihre Machtausübung ständig vor dem Herren des Serails rechtfertigen, der will, daß seine Frauen gut behandelt werden, obwohl er sie wegen ihrer spannungslosen Seelen gar nicht liebt. (LP VI, 138) Eigentlich weiß dieser Herr sogar – und hier verläßt Montesquieu gewiß die Ebene, auf der das Selbstverständnis der Serail-Despotie dargestellt wird –, daß es nur die Gesetze sind, die die von Natur gleichen Männer und Frauen in die Herrschaftspyramide zwingt. (LP XXXVIII, 186) Im Serail wie in der Despotie gibt es weder Freundschaft noch Liebe; und Treue, soweit sie nicht erzwungen ist wie bei den Frauen, entspringt dem Neid, der Eifersucht und der Hoffnungslosigkeit der Eunuchen. Man findet keine Menschen mit aufrechtem Gang. Jeder unterdrückt die Schwächeren und unterwirft sich dem Stärkeren. (LP XXXIV und LXIV) Die einzig wirkungsvolle Revolte gegen dieses Zwangssystem aus Herrschaft und Gewohnheit ist die Selbsttötung der Lieblingssklavin Roxane, die damit ihre Freiheit demonstriert.

Die enge Verbindung von despotischer Herrschaft und Unterdrückung der Frauen, die die Berichte aus dem Serail in den *Lettres Persanes* darstellen und symbolisieren, spielen auch im *Esprit des Lois* eine Rolle.[60] So behandelt das Hauptwerk in Buch XVI die Unterdrückung und Versklavung von Frauen, während in Buch XV die Sklaverei im allgemeinen behandelt ist. Die Unterdrückung der Frauen ist allerdings für Montesquieu ein Phänomen, das sich auf die heißen Länder beschränkt. In den kalten Ländern, so schreibt er, zeigen die Frauen im Gegensatz zu ihren Ehemännern beim Verbrauch alkoholischer Getränke »eine natürliche Zurückhaltung« und haben »daher den Vorzug größerer Vernunft auf ihrer Seite« (EL XVI, 2).

Wie der Despotismus bleibt also auch die Unterdrückung der Frauen bei Montesquieu auf die Länder jenseits der christlich-europäischen Kultur beschränkt. Einige Untertöne sind allerdings nicht zu überhören, so wenn Montesquieu erklärt, die Knechtschaft der Frauen entspreche »durchaus dem Geist der Despotie, die alles zu mißbrauchen liebt« (EL XVI, 9), oder wenn er fordert, das Männerrecht der Verstoßung aus der Ehe müsse auch den Frauen zustehen (EL XVI, 15). Aber es bleibt bei einigen kleinen spitzen Bemerkungen. Montesquieu ist kein früher Verfechter der Frauenemanzipation, auch wenn der Gedanke der Gleichheit der Geschlechter ihn immer wieder bewegt.

Eine Besonderheit allerdings ist erkennbar: Montesquieu verlegt sowohl die Knechtschaft der Frauen als auch den Despotismus insgesamt weit außerhalb Europas. In beiden Fällen machen aber die Untertöne deutlich, daß die im fernen Asien kritisierten Zustände dem freiheitlichen Europa so unbekannt nicht sind, wie der erste Anschein vermuten läßt.

Scheinbar sind der Despotismus und die Unterdrückung der Frauen in Montesquieus kritischen Darstellungen nur eine Angelegenheit der großen Reiche und Zivilisationen außerhalb Europas. Tatsächlich aber ist diese geographische Verlagerung von Unterdrückung und Unfreiheit nicht das letzte Wort Montesquieus. Der asiatische Despotismus verdeutlicht eine latent vorhandene ständige Möglichkeit der Monarchien Europas.

Die fragwürdigen Strafrechtssysteme, die Mißachtung des Eigentums durch fürstliche Machthaber, die Tendenz der Herrscher Europas, ihren Willen auch gegen den Widerstand der

Stände zum Gesetz zu machen, und die Bereitschaft der Könige, die Macht und den Einfluß der bestehenden Zwischengewalten zu beseitigen, sind allesamt Symptome für die Neigung auch europäischer Fürsten, despotisch zu regieren.

Der Grund hierfür, so notiert Montesquieu in den *Pensées*, liegt darin, daß die fast überall vorfindbaren despotischen Regime sich nahezu von alleine ergäben. Es sei gar nicht erstaunlich, daß fast alle Völker des Universums von der Freiheit, die sie doch liebten, so weit entfernt seien. »Da es nur der Leidenschaften bedarf«, um eine despotische Verfassung zu bilden, sei »jedermann hierzu fähig; um dagegen eine gemäßigte Verfassung zu machen, muß man die Mächte zusammenfügen, sie zügeln, sie zum Handeln bringen und sie regulieren«. Der Zufall bringe ein derartiges Meisterwerk nur selten zustande, und der Klugheit überlasse man das nie. (P: M 892; C 1794) Eine frühere Fassung des gleichen Gedankens ist radikaler: »Die Ursache, warum die Mehrheit der Regierungen Europas despotisch sind [...]«, beginnt Montesquieu seine Überlegungen. Er redigiert diese Fassung dann und notiert: »Die Ursache, warum die Mehrheit der Regierungen der Erde [...]« (P: M 831; C 1793). Im *Esprit des Lois* findet der Leser die entsprechende Passage dann ohne jede Angabe eines geographischen Ortes.

Trotz ihrer Liebe zur Freiheit, so schreibt er, seien die meisten Völker dem Despotismus unterworfen. Das sei leicht verständlich, »denn um eine gemässigte Regierung zu bilden, muss man die verschiedenen Mächte miteinander verbinden, sie ordnen, mässigen, zum Handeln bringen, der einen sozusagen Ballast aufladen, damit sie der anderen widerstehen kann: ein Meisterwerk der Gesetzgebung ist hier vonnöten, das der Zufall selten hervorbringt und das man ebenso selten der Klugheit überläßt. Eine despotische Regierung dagegen springt sozusagen in die Augen, sie ist überall gleich, und da zu ihrer Begründung nur Leidenschaften nötig sind, ist jedermann dazu imstande.« (EL V, 14)

Die Tendenz zur Despotie, einer Regierungsform, die es, wie wir gehört haben, in reiner Form gar nicht gibt, kann durch die Leidenschaften von Monarchen oder von Regierenden, die im Auftrag des Herrschers tätig sind, vorangetrieben werden. Monarchien sind ständig von der Neigung der Herrschenden zum despotischen Regieren bedroht.

So wie die Eigenarten der Herrschaftsformen Republik und Monarchie durch die Unterscheidung der sie bestimmenden Prinzipien hervorgehoben werden, so arbeitet Montesquieu die Unterschiede zwischen Monarchie und Despotie durch die Beschreibung der für ihre Verfassung jeweils grundlegenden Gesetze heraus. Kaum ein Kapitel über Despotismus kommt ohne Vergleich zur Monarchie aus.[61]

Schon bei seiner ersten Darstellung der Natur monarchischer Regierung macht Montesquieu deutlich, wie nahe diese Regierungsform neben dem Despotismus angesiedelt ist. Er betont die wesentliche Notwendigkeit von Zwischengewalten in der Monarchie. Fehlen diese, so beginne der Despotismus. »Denn wenn in einem Staat nur der von Augenblickslaunen diktierte Wille eines einzelnen gilt, dann kann es keine feste Regel und daher auch kein Grundgesetz geben.« Ohne zwischengeschalteten Adel, der den Willen des Königs mäßigt und zügelt, hätte man bald einen Despoten.

»Man schaffe in einer Monarchie die Vorrechte des Hochadels, der Geistlichkeit, der Adligen und der Städte ab«, schreibt er in unmißverständlicher Anspielung auf die französische Monarchie und besonders die Herrschaft von Ludwig XIV., »und man wird bald einen Volksstaat haben oder gar eine Despotie.« (EL II, 4)

Mangelhaft oder gar nicht kontrollierte Monarchien liefern die Macht zu sehr dem Willen der Herrschenden aus. So können scheinbar die Verfassung gar nicht direkt tangierende Entwicklungen wie die Revolution der Geldverfassung durch den schottischen Finanzabenteurer J. Law, die, neben seinen Bestrebungen, die Ständerechte abzuschaffen, zur Verarmung mächtiger Adliger führte, ebenso eine Tendenz zum Despotismus einleiten wie die administrativen Neuerungen des Kardinals Richelieu. (EL V, 10) Schon in den *Lettres Persanes* läßt Montesquieu Usbek feststellen, Ludwig XIV. halte die persische und die türkische Verfassung für die besten der Welt (LP XXXVII, 184), stellen sie doch den Leidenschaften und dem Willen des Herrschers keine Schranken in den Weg.

So ist der Mißbrauch der Macht kein alleiniges Kennzeichen persischer, türkischer oder fernöstlicher Herrschaft. »Sollte infolge langen Mißbrauchs der Macht oder einer großen Eroberung sich einmal der Despotismus durchsetzen können, so würden ihn«, schreibt Montesquieu über die europäischen Verhältnisse, »weder die Sitten noch das Klima aufhalten können« (EL VIII, 8); und in seinen Notizen fügt er warnend hinzu, man solle die auf unserem Kontinent beobachtbaren Veränderungen nicht als bedeutungslos abtun.[62]

Und so wie Montesquieu schreibt, sein ganzes Werk sei ein großes Plädoyer für die Mäßigung, so ist seine Darstellung des Despotismus auch eine Warnung vor einer gefährlichen Tendenz zu dieser immer möglichen und überall lauernden Herrschaftsform.

8. Armut, Freiheit und Despotie —
Die Ordnung der Wirtschaften

> Die Verschwendung, die ich die nobelste
> der Sünden nenne, ist [...] jenes
> liebenswürdige und gutmütige Laster,
> das den Schornstein rauchen und
> den Kaufmann gedeihen läßt [...].
> BERNARD MANDEVILLE

Für Montesquieu gibt es einen engen Zusammenhang zwischen Wirtschaftsordnung und wirtschaftlicher Entwicklung sowie politischer Ordnung. Er hängt zwar nicht jener heute vorherrschenden Meinung an, daß die Entwicklung der Wirtschaft eine bestimmte politische Ordnung gleichsam automatisch hervorbringe, aber er ist doch davon überzeugt, daß politische Verfassung und Wirtschaftsordnung einander bedingen.

Jede seiner drei Regierungsformen bedarf, um lebensfähig zu sein, einer sie ergänzenden Organisation der Wirtschaft. Wirtschaft und Politik stehen also in einem Komplementärverhältnis zueinander. Als gemeinsames Bindeglied identifiziert Montesquieu die Prinzipien, die sowohl die jeweilige Wirtschaft als auch die politische Verfassung mit Leben erfüllen.

Er entwickelt also keine allgemeine Theorie der Wirtschaft, wie das nach ihm Adam Smith mit dem *Wohlstand der Nationen* unternahm. Seine besonderen Theorien der Ökonomie jeweiliger politischer Verfassungen stellen vielmehr die politischen Grundlagen ökonomischen Handelns wie die ökonomischen Bedingungen politischer Ordnungen dar.

Montesquieu fragt nach den wirtschaftlichen Voraussetzungen, die in Republiken gegeben sein müssen, damit die Tugend der Bürger der bestimmende Handlungsgrund ist und bleibt. Er untersucht, welche Ökonomie dem Streben nach Ansehen, das in den Monarchien vorherrscht, entspringt und welche Bedingungen für diese Ökonomie gelten, und er untersucht die Besonderheiten einer Ökonomie der Despotie.

Politik und Ökonomie

Montesquieu erkennt, daß es für den Zustand einer Gesellschaft von großer Bedeutung ist, daß sich die politische Klasse im weitesten Sinn nicht von der Möglichkeit verführen läßt, aus der politischen Macht ökonomisches Kapital zu schlagen.

In diesem delikaten Problemfeld wird mehr als in jedem anderen Bereich seiner Untersuchungen deutlich, daß es dem französischen Denker weniger um Handlungsanleitungen oder Empfehlungen als vielmehr um Verstehen und Analyse geht. Er untersucht Sitten, Gewohnheiten und Gesetze, identifiziert Korruptionselemente und entdeckt Niedergangsphänomene. Er scheint sehr genau zu wissen, daß gerade in diesem Bereich der Niedergang durch Sittenverfall längst weit vorangeschritten ist, wenn die politische Klasse ihre Ämter und Privilegien zum Nutzen ökonomischer Vorteile, d. h. fürs private Wohl, einsetzt.

Schon bei der Analyse der antiken wie der zeitgenössischen Handelsrepubliken haben wir die Ambiguität der Einstellung Montesquieus zum kaufmännischen Denken beobachtet. Einerseits ist er von dem den Frieden stützenden Handelsdenken angetan, andererseits stößt ihn der ordinäre Materialismus des Handelsgeistes, der die Gesellschaften durchdringt, ab. Diese Ambiguität ist bei seinen Analysen des Verhältnisses von Politik und Wirtschaft immer wieder zu beobachten. Montesquieu bemüht sich, die Bedingungen aufzudecken, die es erlauben,

Handel und ökonomische Entwicklung zu fördern. Gleichzeitig aber will er das direkte Eindringen ökonomischen Denkens in den Bereich des Politischen verhindern. Montesquieu sieht eine Lösung in der personellen Trennung der Führungsschichten von Wirtschaft und Politik. Die politische Klasse soll sich nicht vom Wohlstandsstreben gefangennehmen lassen, und die ökonomische Klasse soll nicht in die Politik eindringen. In aristokratischen Republiken soll deswegen die Schicht der Regierenden vom Handel ebenso ausgeschlossen werden wie der Adel in der Monarchie.

Republikanische Wirtschaft

In den Demokratien ist eine derartige personelle Trennung in eine Schicht der wirtschaftlich Aktiven und in eine Schicht politisch Aktiver unmöglich. Das Problem, daß die Politik nicht von den ökonomischen Interessen, d. h. dem Streben nach Wohlstand, aufgefressen werden darf, sieht Montesquieu durch die Etablierung einer relativen Gleichheit der Einkommen und Vermögen – man müßte wohl richtiger sagen: einer nivellierten Verteilung von Einkommen und Vermögen – gelöst. Das bedeutet, daß Demokratien keine übermäßigen Reichtümer in Privathand kennen dürfen. Wenn Demokratien wohlgeordnet sind und bleiben sollen, müssen ihre Bürger relativ arm sein. Vorhandener Reichtum darf nicht bei Privaten, sondern nur in der Verfügung der Gemeinschaft bestehen.

Wenn die Tugend der demokratischen Bürger in der Liebe zur Demokratie und in der Liebe zur Gleichheit sowie in der Bereitschaft besteht, der Republik zu dienen, »müssen alle auch die gleichen Freuden genießen, die gleichen Hoffnungen hegen dürfen; dies ist nur von einer allgemeinen Genügsamkeit zu erwarten« (EL V,3). Zwar werden die einzelnen Bürger, weil ihre Fähigkeiten verschieden sind, der demokratischen Republik durchaus unterschiedliche Dienste leisten, aber damit soll dann auch der Unterscheidung hinreichend Genüge getan sein. Demokratien sollen deswegen die Unterschiede der Ämter und der Amtsführung genau beachten und respektieren, damit die Bürger als Bürger gleich sind, als Inhaber von Ämtern aber sehr wohl gehorchen und befehlen können. Grundsätzlich aber sind alle Amtsbefugnisse und Kompetenzen Ungleichheiten unter Gleichen. (EL VIII, 3)

Damit es wirklich nur die Unterschiede unter den Bürgern gibt, die sich aus den Ämtern und ihren Kompetenzen ergeben, muß eine relativ rigide Nivellierung der Vermögen gegeben sein. Dann kann sich keiner den Luxus leisten, Annehmlichkeiten zu genießen, »die man sich durch die Arbeit anderer verschafft«. Sobald aber die Menschen mehr besitzen, als sie zum Lebensunterhalt benötigen, »machen die einen Ausgaben, die anderen Erwerbungen, und schon stellt sich die Ungleichheit ein« (EL VII, 1).

Der Luxus wird zum Symptom, aber auch zum Motor der Ungleichheit. Denn »in dem Maße, in dem der Luxus sich in einer Republik verbreitet« — und das heißt, indem manche andere für sich arbeiten lassen, genießen sie die sich daraus ergebenden Vorteile und unterscheiden sich so in wirtschaftlicher Hinsicht mehr und mehr von ihren Mitbürgern —, »wendet sich der Geist dem Partikularinteresse zu«. (EL VII, 2) Die Menschen entwickeln Sonderwünsche, der Luxus weckt weitere Begierden, und die Habgier, die, wie er an anderer Stelle beschreibt, »mit dem Erwerb von Reichtümern wächst« (EL XVI, 6), verdrängt die republikanische Gesinnung. Die Gesetze werden nicht mehr als die eigenen erfahren und behandelt, sondern als Hindernisse und Schranken für die Verfolgung eigener Interessen, die man zu umgehen sucht. (EL VII, 2) »Eine vom Luxus korrumpierte Seele«, bemerkt er in seinen Gedankennotizen, »ist Feind der Gesetze, die die Bürger ja immer stören.« (P: M 968; C 1810) Die Demokratie begibt sich auf den Weg ihrer Selbstzerstörung. Um diese Entwicklung zu vermeiden, müssen demokratische Republiken darauf achten, daß das Erb- und Schenkungsrecht die entstehenden Ungleichheiten wieder ausgleicht. Die Mitgift für Frauen, Schenkungen, Erbfolge und Testamente müssen in demokratischen Republiken wirksamen gesetzlichen Bestimmungen unterliegen, die zwar keine völlige Gleichheit herbeiführen, die aber doch dafür sorgen, daß die Ungleichheit der Vermögen sich in einem maßvollen Rahmen hält.

Montesquieu, der in der Regel einen sehr starken Respekt der Regierenden und der Gesellschaft vor dem Eigentum fordert (EL XXVI, 15), hält zur Vermeidung großer Ungleichheiten und um der Bewahrung der Republik willen auch radikale Reformpläne durchaus für sinnvoll und richtig. Über die Agrarreformen zum Beispiel, die in Rom immer wieder gefordert worden waren, urteilt er, sie hätten nicht – wie ihre Gegner immer behaupteten – die Grundlagen der republikanischen Verfassung angegriffen. »Die Gesetze, die zu diesem Gegenstand vorgeschlagen oder gemacht wurden, [versuchten] im Gegenteil eine Erneuerung der alten Disziplin der Väter und eine Korrektur der Fehler, die durch Mißachtung der Gesetze entstanden waren.« (P: M 1549; C 1526) Das einzige, was Montesquieu kritisch zu den vorgeschlagenen Agrargesetzen anmerkt, ist eine Warnung vor zu schneller Umverteilung, denn diese Schnelligkeit müsse »zu einer allgemeinen Umwälzung im Staate führen« (EL VII, 2). Grundsätzlich aber gilt, daß eine Republik um so besser organisiert ist, je gleichmäßiger die Verteilung der Wirtschaftsgüter ist, die zudem nur den Lebensbedarf decken sollen. Dann gibt es keinen die Republik ruinierenden Luxus. (EL VII, 2) [63]

Es wird erkennbar, daß alle Entwicklungen, die wirtschaftliche Ungleichheit in Republiken bewirken, für Montesquieu den Bestand der Ordnung gefährden. In Aristokratien ist diese Ungleichheit schon gegeben. In einer wohlgeordneten Adelsrepublik werden sich deshalb die Aristokraten durch Bescheidenheit und Schlichtheit auszeichnen. Sie sollen nicht mit ihrem Reichtum protzen, sondern Großzügigkeit praktizieren. Vom Handel aber soll der Adel ausgeschlossen sein. (ELV, 8)

Montesquieu entwirft das Bild von Republiken, die durch Gleichheit der Lebenshaltung gekennzeichnet sind und in denen die Wohlhabenden ihren größeren Reichtum für »Feste, Musikchöre, Wagen- und Pferderennen und kostspielige Ämter« ausgeben. (EL VII, 3) Man kann sich bei der Untersuchung dieser Überlegungen des Eindrucks nicht erwehren, daß die Schilderungen der genügsamen Republiken der Antike, die Montesquieu entwickelt, eher Bilder oder Modelle als realistische Beschreibungen vergangener Republiken sind. Montesquieu scheint das Ideal einer harten Bedarfsökonomie, die die Bürger zu Zusammenhalt und Gemeinsamkeit in Tugend und gemeinsamer Arbeit nötigt, in die Klassik projiziert zu haben. Die gute Ordnung ist Vergangenheit, mittels derer die entfesselte Wirtschaft der Moderne in ihren Besonderheiten verdeutlicht wird.

Was wir schon bei seiner Darstellung der Prinzipien beobachtet haben, wird auch bei der Beschreibung der unterschiedlichen Wirtschaften deutlich: Die republikanische dient als kritischer Referenzrahmen und Gegensatz, mit dessen Hilfe die Eigenarten der monarchischen Ökonomie und deren Wirkungen verdeutlicht werden. Die Wirtschaft aber ist ebenso wie die Politik Gesetzmäßigkeiten und Sachzwängen unterworfen, gegen die die Regierenden nicht verstoßen dürfen. Tun sie es dennoch, zerstören sie die Ordnung.

Nur in einer lokal beschränkten Wirtschaft ohne großen Wohlstand, die ihre Verteilungs- und Verwendungsprobleme am besten durch Naturaltausch löst, läßt sich ein hohes Maß von Gleichheit in der Gesellschaft herstellen. Durch die Einführung von Geld entsteht eine anders geartete Wirtschaftsform, weil durch die

Möglichkeit, Reichtum anzuhäufen und zu verteilen, auch Einfluß und Macht konzentriert werden oder diese Konzentration deutlich machen. (EL XVIII, 17)

Damit wächst aber nicht notwendigerweise der Einfluß der Regierungen. Preise beispielsweise sind nicht administrierbar, sie hängen von der Geldmenge, der Umlaufgeschwindigkeit sowie von der angebotenen Warenmenge ab. (EL XXII, 7) Und eine Regierung, die meint, in dem Bereich der Wirtschaft beliebig herumfuhrwerken zu können, stößt schnell an ihre Grenzen. Die »feinsinnigen Geister, die in Zeiten der Unwissenheit die Schöngeister sind«, verpönten im Gefolge der aristotelischen Philosophie das Leihen und Zinsnehmen. Nachdem dies lange zur Ausbeutung und zur Mißhandlung der von der Verfemung des Zinsnehmens nicht betroffenen Juden führte, erzwangen letztlich die Notwendigkeiten des Handels, unterstützt von der »Habgier der Fürsten«, die Wiedereinführung des wirtschaftlich notwendigen Geldhandels. Das Beispiel dient Montesquieu als Hinweis darauf, daß es Gesetze des Wirtschaftens gibt, gegen die man nicht angehen kann. Sie sind stärker. Das Verbot oder das Verpönen bestimmter wirtschaftlicher Aktivitäten führt nur zur Ächtung der Menschen, die sie trotzdem betreiben: »[...] jedesmal, wenn man etwas naturgemäß Erlaubtes und Notwendiges verbietet, erreicht man nur, daß man die Leute, die es betreiben, ehrlos macht.« (EL XXI, 20) Auch die ökonomischen Beziehungen sind sich aus der Natur der Sache ergebenden, natürlichen, den positiven Gesetzen vorgegebenen Gesetzen unterworfen. Dies gilt auch für Monarchien und für scheinbar über den Gesetzen stehende Monarchen.

Monarchische Wirtschaft

Am Gegensatz zu den recht idealisiert erscheinenden antiken Republiken entwickelt Montesquieu seine Kritik an der Habgier, dem Besitzstreben und der geringen Bereitschaft, sich dem Gemeinwohl unterzuordnen, die er in den Monarchien seiner Zeit vorfindet.

Diese zeichnen sich durch Ungleichheit von Vermögen und Einkommen aus, wie sie in demokratischen Republiken mit der Verfassung unverträglich sind und wie sie in aristokratischen Republiken jedenfalls nicht öffentlich zur Schau gestellt werden dürfen.

Montesquieu konfrontiert die Genügsamkeit einer auf Bedarfsdeckung angelegten agrarisch orientierten Ökonomie der Demokratie mit der Luxus- und Wohlfahrtsökonomie der Monarchien: »Wenn ein Agrargesetz besteht und der Boden gleichmäßig verteilt ist, kann das Land dicht bevölkert sein, auch wenn wenig Handwerk betrieben wird.« Jeder Bürger kann aus seinem Boden seinen Unterhalt erwirtschaften. »Aber in unseren heutigen Staaten«, fährt Montesquieu fort, »wo der Grundbesitz ungleichmäßig verteilt ist, werden mehr Früchte erzeugt, als die, welche sie ziehen, verbrauchen können; wenn man hier das Handwerk vernachlässigte und sich nur an den Ackerbau hielte, könnte das Land nicht bevölkert sein.« Der Überschuß würde den Grundbesitzern und ihren Knechten auch fürs nächste Jahr reichen, sie bräuchten weniger zu arbeiten. Die Ergebnisse der Landwirtschaft aber wären den Arbeitslosen vorenthalten, »weil diese kein Geld hätten, sie zu kaufen«. Es ist also nötig, Handwerker zu beschäftigen. »Mit einem Wort, in diesen Staaten ist es nötig, daß viele Menschen über ihren Eigenbedarf hinaus erzeugen; dazu muß man ihre Freude am Überfluß wecken, den können aber nur die Handwerker hervorrufen.« (EL XXIII, 15) Die Folgen reichen weit über die Ökonomie hinaus: Erfolgreiche und ertragreiche Wirtschaft bewegt die Menschen dazu, sich hauptsächlich mit ihren partikularen Angelegenheiten zu beschäftigen. Sie sind dann bereit, sich Alleinherrschern, die Ruhe, Ordnung und reibungsloses Wirtschaftsleben garantieren, zu unterwerfen und auf die Republik zu verzichten. (EL XVIII, 1-2) So ist der Luxus Symptom und Grund für nicht-republikanische Entwicklungen, die zur Monarchie hin tendieren. Völker, die den Reichtum verehren, unterwerfen sich der Herrschaft eines einzelnen, das heißt, sie etablieren eine Monarchie, und in dieser ist der Reichtum ungleich verteilt. (EL VII, 4)

Diese Ökonomie des Luxus und der Ungleichen in der Monarchie beruht auf der Besitzlosigkeit eines Teils der Bürger, die die Perpetuierung und Verstärkung der Ungleichheit erzwingt. »Damit sich also der monarchische Staat erhalten kann, muß der Luxus fortschreitend wachsen vom Arbeiter zum Handwerker, zum Kaufmann, zum Adel, zu den Beamten, zu den großen Herren, zu den Generalpächtern und zu den Fürsten, sonst würde alles zugrunde gehen.« Die Ökonomie der Monarchie bedarf der Nachfrage der Reichen. An Armut gehen Monarchien zugrunde. (EL VII, 4) Aus der Ungleichheit der Vermögen und der daraus resultierenden Differenzierung der Nachfrage ergibt sich die Besonderheit der Wohlstandsökonomie. Handwerk und Künste finden Beschäftigung und Arbeit, da die Nachfrage der Wohlhabenden sie mit Einkommen versorgt: »Eine Frau setzt sich in den Kopf, daß sie bei einem Fest in einem bestimmten Aufzug in Erscheinung treten will. Von diesem Moment an werden fünfzig Handwerker keine Muße zum Essen und Trinken mehr haben und nicht mehr schlafen. Sie bestellt und man gehorcht ihr prompter als einem Monarchen, denn das Eigeninteresse ist der größte König der Erde.« (LP CVI, 288)

Montesquieu beschreibt, wie das Interesse zu verdienen und

reich zu werden jeden Stand erfaßt. Keiner will arm bleiben, jeder will aufsteigen. Dieser Geist erfaßt die ganze Nation, der scheinbare Luxus entpuppt sich als Arbeit und Industrie.

Auch wo im Gefolge des Luxus Eitelkeiten und andere Laster in der Gesellschaft vorherrschend werden, haben diese nun positive Wirkungen. Unter Berufung auf Mandevilles Bienenfabel[64] betont Montesquieu: »Die Mode ist eine wichtige Angelegenheit; dadurch, daß man sich dem Leichtsinn ergibt, vermehrt man unaufhörlich deren Geschäftszweige.« (EL XIX, 8) Aus der Eitelkeit entspringen der Luxus, der Fleiß, die Kunst und die Mode, ja sogar die Höflichkeit und der gute Geschmack (EL XIX, 9), die auf verschiedene Weise es den Bürgern ermöglichen, sich zu unterscheiden und ihre wirtschaftlichen Wünsche und Aktivitäten in der Gesellschaft zu verfolgen. Montesquieu erkennt, daß all diese Ungleichheit — wie die heutigen Ökonomen sagen — Beschäftigungseffekte hat. Die Ungleichheit der Einkommen und Vermögen in den Monarchien ist aber nur tragbar, wenn die Wohlhabenden ihr höheres Einkommen auch tatsächlich ausgeben und so die Wirtschaft ankurbeln.

Es gilt für den Binnenhandel wie für den Außenhandel, daß es auf eine volkswirtschaftlich sinnvolle Verwendung der hohen Einkommen ankommt. Reger Außenhandel bei einigermaßen ausgeglichenen Handelsbilanzen bewirkt für die Beteiligten eine Steigerung der Wohlfahrt. Die Überfülle des Ausgetauschten »bringt dem Staat tausend Vorteile: sie vermehrt den Verbrauch und die Dinge, an denen das Gewerbe sich betätigen kann«, und damit die Zahl der Beschäftigten. (EL XX, 23) Dabei wird — so Montesquieu — natürlich auch viel unnötiger Luxus produziert, »aber es liegt im Wesen des Handels, die überflüssigen Dinge nützlich und die nützlichen notwendig zu machen«. Wohlhabende Nationen profitieren also vom Handel. Anders ist dies bei armen Ländern. Weniger die Verteilung als die Verwendung der

Einkommen kann hier wohlfahrtsökonomisch schädliche Folgen haben. Montesquieu erkennt, daß Vermögen und Macht in einem Land so verteilt sein können, daß eine reiche Oberschicht, die auch politisch mächtig ist, den Außenhandel kontrolliert und, indem sie die Unterschicht schlecht entlohnt, den größten Teil der Mehrproduktion, die über das für die Arbeitenden Lebensnotwendige hinausgeht, zum Erwerb von ausländischen Luxusgütern für sich verwendet. Die Vermögenskonzentration verhindert dann produktivitätssteigernde Effekte im Inland. Am Beispiel Polens seiner Zeit stellt Montesquieu dar, wie in diesem Land – heute würde man in diesem Zusammenhang von einem schlecht organisierten »Entwicklungsland« sprechen, das sich nicht entwickelt – der Außenhandel für das allgemeine Wohlfahrtsniveau keine positiven Folgen hat. Er folgert: »Wenn Polen mit keinem Lande Handel triebe, wären seine Völker glücklicher.« Die Reichen und Mächtigen müßten dann die gewünschten Güter für ihren gehobenen Lebensbedarf im Inland nachfragen. Auf diese Weise würde das Handwerk gefördert und die Armen lebten weniger barbarisch ausgebeutet. (EL XX, 23)

Montesquieu denkt wohlfahrtsökonomisch und verwirft die Vorstellung, daß das Anhäufen von Geld einen Staat oder ein Land reich mache. [65] »Gold und Silber sind nur ein fiktiver Reichtum«, erklärt er, »je stärker sie sich vermehren, um so mehr verlieren sie an Wert, weil weniger tatsächliche Werte hinter ihnen stehen.« (EL XXI, 22) Ihm kommt es auf die beschäftigungs- und produktionsorientierte Verwendung von Vermögen an, die Ansammlung von Geldwerten erkennt er als Unsinn. In den verrotteten Kleinstaaten Italiens beobachtet Montesquieu, wie Geiz und Habgier der Reichen zur sinnlosen Hortung von Vermögen führen, während das Handwerk darniederliegt und das Volk in hoffnungsloser Apathie lebt. [66]

Reichtum ist nicht gleich Reichtum. Für die Gesellschaft

kommt es darauf an, daß er zu Ausgaben führt. »Es gibt einen Unterschied zwischen dem Reichtum der Italiener – zusammengetragen durch die Geldgier von fünf oder sechs Generationen – und dem Reichtum eines Landes, der über Nacht erworben wurde und den man nützt.« Der den Geiz seiner Besitzer repräsentierende Reichtum nütze dem Handwerk nichts. »Denn der gleiche Geist, der zum Ansammeln trieb, bewirkt auch, daß man alles behält.« [67]

Wenn die Reichen kein Geld ausgeben, »müssen die Armen Hungers sterben«, folgert Montesquieu. Wohlstand verpflichtet – und zwar zu Geldausgaben, die im Verhältnis zum Wohlstand stehen. (EL VII, 4) Wo die Reichen ihr Geld eigentlich nicht ausgeben wollen, hat ein sonst recht zweifelhaftes Gewerbe wohlfahrtsökonomisch positive Auswirkungen: »Man bemerkt«, notiert er, »daß die H… für Venedig sehr nützlich sind. Sie sind die einzigen, die die jungen Männer zu Geldausgaben bewegen, und man muß zugeben, daß die Kaufleute nur von ihnen Geld bekommen.« [68]

Die Wirtschaft in Monarchien ist ebenso wie die politische Ordnung dieser Verfassung dem Prinzip der Monarchie unterworfen: der Ehre, das heißt dem Streben nach Ansehen, nach Unterscheidung, nach sozialem Prestige und folglich der Verfolgung der eigenen Interessen. Montesquieu sieht die Tugenden des Fleißes und der Arbeitsamkeit in den reichen Monarchien Europas durch den aufstrebenden Mittelstand erhalten. Er erkennt darin ein Element der Freiheit und bürgerlicher Selbständigkeit, das durch den Luxus einer Nation leicht verlorengehen könnte. Denn es gibt ja Völker, »die nur deshalb arm sind, weil sie die Annehmlichkeiten des Lebens nicht angenommen oder gar nicht kennengelernt haben«; für diese ist die Armut »ein Teil ihrer Freiheit«, weil sie nicht Sklaven ihrer Bedürfnisse sind. Freiheit kann also sehr wohl im Genuß des Wohlstandes, in der Trägheit des müßigen Verbrauches, in der Selbsthingabe an die Vergnügungen eines egozentrischen Lebens, das sich im Erwerb und Verbrauch erschöpft, verlorengehen.

Und so entwickelt er bei aller Billigung, die er dem freien Austausch von Waren und Diensten entgegenbringt, und bei aller Betonung der friedlichen Annehmlichkeit, die mit Handel und wirtschaftlichem Aufstreben einhergeht, doch einige Reserven gegen den Geist der Wirtschaft – sobald dieser in die Politik einzudringen beginnt.

Politiker und Unternehmer

Wie Montesquieu für die Aristokratien feststellt, ist es wichtig, daß die Schicht der Herrschenden vom großen gewinnbringenden Handel ausgeschlossen ist. Dies gilt auch für Monarchien. »Es widerspricht dem Geist des Handels«, so erklärt er, »wenn der Adel in einer Monarchie ihn betreibt«, um fortzufahren: »Es widerspricht aber auch dem Geist der Monarchie, daß der Adel in ihr Handel treibt.« (EL XX, 21) Nach dieser etwas rätselhaften Feststellung, die er zunächst nicht weiter begründet, fügt Montesquieu ein besonderes Kapitel in den *Geist der Gesetze* ein, in dem er den Ausschluß des Adels von Handelsgeschäften in Frankreich rechtfertigt. Diese besondere Klasse, die um der Ehre willen ihrem Lande diene und nicht, weil sie auf Reichtum hofft, soll ihren »esprit de corps« nicht verlieren.

Wer als erfolgreicher Kaufmann ehrenhaft Geld verdient hat, soll sich Ehrenstellen erwerben können; es geht nicht um Ausschluß durch Geburt. Im Gegenteil, die Möglichkeit des Aufstieges eines Kaufmannes zu öffentlichen Ämtern durch Kauf gibt ja dem Gewinnstreben einen außerökonomischen Sinn. (EL XX, 22; P: M 19; C 1921) Aber ganz offensichtlich will Montesquieu den Kaufmannsgeist nicht in alle Schichten der sozialen Hierarchie eindringen sehen, denn die öffentlichen Angelegenheiten sind etwas anderes als Handelsgeschäfte; und wer für die letzteren taugt, muß noch lange nicht für politische Ämter geeignet sein. »Ein aktiver Mann, der sein Vermögen gemacht hat, war erfolgreich, weil er hunderttausend Wege versuchte, die größtenteils bis auf wenige falsch waren. Nun argumentiert man, er sei für die öffentlichen Angelegenheiten geeignet. Dies ist nicht wahr. Es ist nur ein Schlag ins Wasser, wenn man sich in einigen Plänen vergreift, um sein Vermögen zu machen. In den Unternehmungen des Staates gibt es keinen ›Schlag ins Wasser‹.« (P: M 1451; C 1865)

Montesquieu hat gegenüber dem Streben nach Wohlstand und Vermögen eine zurückhaltende, aber nicht ablehnende Haltung. »Man soll dieses Ziel nicht ablehnen, nur die Mehrzahl der Wege, es zu erreichen, soll man zurückweisen«, schreibt er in seinen Überlegungen über die Pflichten. »Die Menschen von Verdienst werden unabhängig vom Vermögen geachtet, sie werden geliebt und geschätzt. Vermögen ist für sie keine so wichtige Angelegenheit wie für jene, die Achtung nur wegen einer Position, einer Ehrung oder wegen ihres Reichtums erhalten.« Nach seinen Vorstellungen müßten in einer wohlgeordneten Gesellschaft die verdienstvollen Menschen nicht dem Wohlstand nachjagen, da er ihnen ganz selbstverständlich zuständе, sie wären von der Last des Wohlstandsstrebens befreit. Tatsächlich aber machten diese Mitglieder einer Gesellschaft seltener ein Vermögen als die anderen, weil sie sich weniger darum kümmern. (P: M 1279; C 628)

Mit anderen Worten, Montesquieu erkennt und geht auch in seinen Überlegungen davon aus, daß die Fähigkeiten, Fertigkeiten und Wünsche, die einen erfolgreichen Geschäftsmann ausmachen, nicht notwendigerweise die gleichen sind, die einen guten Bürger oder gar Politiker auszeichnen, ja, daß man in der Regel sogar davon ausgehen muß, daß ein guter Bürger oft kein allzu guter Geschäftsmann ist, hat er doch andere Prioritäten.

Der Kaufmannsgeist kann einen Staat gefährden. Hat er ihn aber voll erfaßt, läßt er ihn verrotten.

»Karthago wurde früher reich als Rom und es wurde auch früher korrupt. Während die öffentlichen Ämter in Rom nur nach dem Maßstab der Tugend vergeben wurden und keinen anderen Nutzen als die Ehre [...] eintrugen, wurde in Karthago alles, was die Republik einem einzelnen zu bieten hat, verkauft und jeder Dienst, den einer leistete, wurde bezahlt [...]. Aufgrund der alten Sitten [...] waren in Rom die Reichtümer etwa gleich verteilt – in Karthago hatten einzelne die Vermögen von Königen.« So herrschte in Karthago ein unüberwindbarer Konflikt zwischen einer ökonomisch interessierten Kriegspartei und einer ebenso interessierten Friedenspartei. »In Rom waren alle Interessen im Krieg gebündelt, während sie Karthago spalteten.« Rom besiegte seine große Konkurrentin. Montesquieu folgert, »Mächte, die auf dem Handel begründet sind, können lange in ihrer Mittelmäßigkeit fortbestehen. Aber ihre Größe ist von kurzer Dauer.« (C IV, 83-87)

Der Geist des Handels soll nicht die Politik bestimmen. Das heißt, die politische Klasse soll von ihm frei sein. Damit sie dies aber sein kann, muß ihre wirtschaftliche Stellung die politische Führungsschicht vom kaufmännischen Denken unabhängig machen: durch verfassungsmäßig garantierten Grundbesitz.

Der Adel in den Monarchien soll deshalb in seinen Rechten am Landbesitz gesichert sein. (EL V, 9) So bleiben ihm Privilegien, die die ökonomische Basis der herrschenden Klasse erhalten, ohne daß sie vom Geist des Kommerzes erfaßt und durchdrungen wird. Warnend weist Montesquieu darauf hin, daß die Monarchie geschwächt werde, wenn man wie in England dem Adel erlaube, sich im Handel zu betätigen. (EL XX, 21)

Despotische Wirtschaft

Wie an anderer Stelle schon gesagt, deckt Montesquieu besonders bei der Wirtschaft der Monarchien bestimmte Eigengesetzlichkeiten auf, die auch der Macht der Regierenden entzogen sind. Der Monarch und seine Regierung können die Wirtschaftsentwicklung nur hegen und fördern, sie können die Wirtschaftenden aber nicht vollkommen ihrem Willen unterwerfen. Versuchen sie dies trotzdem, ruinieren sie Wirtschaft und Handel.

Wie wir am Bereich der politischen Ordnung beobachtet haben, ist das negative Gegenbild zur wohlgeordneten Monarchie die Despotie. Dies gilt auch für die Wirtschaft. Während Handel und Gewerbe in der geordneten freiheitlichen Monarchie blühen und gehegt werden, ruiniert das Prinzip der Despotie, die Furcht, die Ökonomie.

Im Despotismus ist »alles unsicher, weil alles willkürlich ist« (EL XXVI, 16), und dies ist natürlich einer gedeihlichen Wirtschaftsentwicklung abträglich. Instabile Verhältnisse und Unsicherheit führen zwar nicht dazu, daß die Menschen nicht mehr arbeiten und wirtschaften, aber die Ausrichtung der Ökonomie ist eine andere als unter wohlgeordneten Bedingungen. Es ist erneut die Verwendung des Erwirtschafteten, die die Besonderheit dieses Typus von Ökonomie ausmacht. Nichts wird unternommen, was auf langfristigen Überlegungen basiert; alles wird im despotischen Regime kurzfristigen und schnell realisierbaren Nutzenüberlegungen unterworfen. »In derartigen Staaten wird nichts verbessert oder erneuert: die Häuser werden nur für ein Menschenleben gebaut; man entwässert die Böden nicht, man pflanzt keine Bäume; man beutet die Erde aus, aber man düngt sie nicht.« (EL V, 14)

Die sichtbare Ökonomie reduziert sich auf die Befriedigung des kurzfristigen Bedarfs. Dieser besteht für die Herrschenden im

Luxus, für die Untertanen aber in der schieren Erhaltung des Lebens. Daneben aber versuchen die Menschen unter dem despotischen Regime, ihr Vermögen dem Zugriff der Herrschenden zu entziehen. Sie schaffen sich heimliche Reserven.

Alle am Wirtschaftsleben Teilnehmenden unternehmen den Versuch, sich vom allgemeinen Wirtschaftsprozeß unabhängig zu machen. Die Menschen ziehen ihr Geld aus dem Wirtschaftsleben heraus und bilden heimliche Geldansammlungen für den Notfall. Montesquieu scheint in Ansätzen das Phänomen einer gestauten Inflation zu erkennen, wenn er erklärt, in der Wirtschaft des Despotismus existiere keine geordnete Relation zwischen Warenangebot und Geldwert. (EL XXII, 2) Auch das Kreditwesen wird ein Opfer der allgemeinen Unsicherheit und der Flucht der Menschen in den Untergrund. Die korrupten Beamten, die, mit unkontrollierter Macht ausgestattet, ständig alle normalen wirtschaftlichen Transaktionen bedrohen, drängen auch das Geldwesen in dunkle Kanäle – mit fatalen Folgen: »Armut und Unsicherheit des Besitzes lassen in diesen Staaten den Wucher heimisch werden. Jeder erhöht den Preis seines Geldes im Verhältnis zu der Gefahr, die mit dem Ausleihen verbunden ist [...] alles ist einem hier vorenthalten, sogar die letzte Zuflucht zu einem Darlehen.« (EL V, 15)

Kein despotisches Regime ist wirtschaftlich schwerer belastet als jenes, »wo der Fürst sich zum Eigentümer aller Böden und zum Erben aller Untertanen erklärt« (EL V, 14). Das Eigentum, Bedingung für die Unabhängigkeit der Wirtschaftenden, ist Gegenstand politischer Entscheidungen, es kann konfisziert werden. Dies reduziert die Horizonte wirtschaftlichen Planens. »Im despotischen Regime ist der Handel auf die momentan gegebenen Notwendigkeiten aufgebaut und darauf, was die Natur erfordert, um sich zu ernähren und zu kleiden.« (P: M 1563; C 1824) So herrscht im Wirtschaftsleben wie in der Politik an der Oberfläche die Ruhe und Inaktivität angespannter Furcht. Diese Ruhe aber

»ist nicht die des Friedens. Es ist die Ruhe belagerter Städte vor der Eroberung durch den Feind.« (EL V, 14)

Die gleichsam provisorische und nur vordergründige Stabilität ist eine Folge der Korruption der herrschenden Klasse. Jede Machtstellung kann am nächsten Tage verloren und jeder Wohlstand von einem Mächtigeren konfisziert werden. Da sich die administrative Klasse frei von Kontrollen weiß, zieht sie alle nur möglichen Vorteile aus ihrer Teilhabe am Herrschaftsapparat, »denn ein Sklave, der von seinem Herren auserwählt wird, die anderen Sklaven zu tyrannisieren, wird, da er heute nicht weiß, was ihm das Schicksal morgen bringt, sein ganzes Glück in der täglichen Befriedigung seines Stolzes, seiner Wünsche und seiner Begierden finden« (EL VIII, 4). Will man also den Handel durch die entstehende Willkür und Unsicherheit nicht völlig zum Erliegen bringen, ist es im Despotismus nötig, »daß die Kaufleute einen persönlichen Schutzbrief haben und daß die Gewohnheit dazu führt, sie zu achten« (EL XIII, 10).

Wirtschaftliches Wachstum und allgemeiner Wohlstand sind den Despotien – gerade wegen des monopolistischen Reichtums des Despoten selbst – fremd. Eigentlich müßte der Despot ein Interesse am Wohlergehen seiner Untertanen haben, sind sie doch gleichsam sein Eigentum. Tatsächlich aber interessieren diese ihn nicht; sein Interesse gilt allein der Befriedigung seiner persönlichen Leidenschaften im Palast. (P: M 541; C 644) Dieser ist trotz aller Armut des Volkes noch immer reichlich versorgt.

9. Der Eroberer, die Tugend und der Wohlstand

> Eine Gesellschaft, die Helden
> nötig hat, ist arm dran.
> BERTOLT BRECHT

Bei der Analyse der Montesquieuschen Bevorzugung republikanischer Tugend gegenüber den Vorteilen der Monarchie habe ich auch die warnende Rede des zum König gewählten Alten an das Volk der Troglodyten als Beleg herangezogen. Montesquieu hatte ursprünglich geplant, die Geschichte nicht an dieser Stelle enden zu lassen. In einem anderen, nicht in den veröffentlichten Text aufgenommenen Schluß läßt er den ersten König der Troglodyten aus Gram über den Abfall seines Volkes von der alten Ordnung sterben, und das Volk entscheidet noch in der Trauer, die guten Beispiele des Königs zu befolgen, der sie nicht durch Gesetze habe regieren wollen.

Gegen Ende des Regimes des hernach gewählten zweiten Königs – die Zahl der Bürger ist weiter gewachsen – erscheint es nötig, Handel und Handwerk bei den Troglodyten einzuführen. Der König fragt darauf das Volk, ob sie »nunmehr Reichtümer ihrer Tugend vorziehen« wollen. In einem Dialog wird nun der Gegensatz zwischen dem Wohlstandsstreben und der Tugend aufgelöst. Solange der König die Tugend dem Wohlstand vorziehe und die Ämter nur nach diesem Kriterium vergebe, bleibe die Ordnung erhalten. Werde aber das Kriterium des Wohlstandes etwa bei der Vergabe der Ämter entscheidend, »so wird dies«, erklärt der Dialogpartner aus dem Volk, »ein tödlicher Schlag gegen die Tugend, und Sie werden, ohne es zu bemerken, ebenso viele unehrenhafte Leute machen, wie Menschen diese grausame Art der Unterscheidung bemerken werden«. Die Erziehung sei der entscheidende Faktor zur Erhaltung der Tugend. Habgier und Verschwendung müßten bekämpft werden, und jeder müßte über die sinnvolle Verwendung seines Privatvermögens ebenso Rechenschaft ablegen, als sei es das Eigentum eines anderen.

Der König gibt diese Übertragung der Verantwortlichkeit für die Tugend, die von seiner Politik der Ämtervergabe abhänge, höflich, aber bestimmt ans Volk zurück:

»Die Reichtümer werden bei Euch einkehren. Aber ich sage Euch, wenn Ihr nicht tugendhaft seid, werdet Ihr eines der unglücklichsten Völker der Erde sein. In Eurem jetzigen Zustand muß ich nur gerechter sein als Ihr; dies ist das Zeichen meiner königlichen Autorität, und ich weiß nichts Erhabeneres. Solltet Ihr aber danach streben, Euch durch den Wohlstand, der an sich nichts ist, untereinander hervorzuheben, werde ich mich wohl durch das gleiche Mittel unterscheiden müssen. Ich kann dann nicht in einer Armut verharren, die Ihr verachtet. Ich werde Euch also mit Steuern belasten müssen, und Ihr müßt einen großen Teil Eures Unterhalts dafür verwenden, den Aufwand und Glanz aufzubringen, die dazu dienen werden, die Achtung vor mir zu erhalten. Derzeit finde ich all meinen Reichtum in mir selbst, aber wenn sich das ändert, dann müßt Ihr Euch quälen, um mich zu bereichern, und die Reichtümer, von denen Ihr so viel Aufhebens macht, werdet Ihr nicht genießen: sie werden in meine Schatzkammer wandern. O Troglodyten! Wir können durch ein schönes Band verbunden sein: wenn Ihr tugendhaft seid, werde ich es sein; wenn ich tugendhaft bin, werdet Ihr es sein.« (P: M 1616; C 120)

Es bleibt offen, ob die salomonischen letzten Worte aus der Rede des Königs die Unmöglichkeit der Verbindung von Monarchie und Tugend ironisch andeuten wollen oder ob – und dies scheint mir die sinnvollere Interpretation des Textes – für den Montesquieu der *Lettres Persanes* eine Versöhnung zwischen Bürgertugend und Monarchie noch möglich scheint. Später, im *Esprit des*

Lois, ist die Sache eindeutiger: Es gibt zwar auch Tugend in den Monarchien, aber das Vorherrschen des Wohlstandsstrebens macht es unmöglich, daß dieses Handlungsprinzip regimetragend wird. »Natürlich ist sie in ihr nicht völlig ausgeschlossen«, schreibt er über die Tugend in der Monarchie, »aber sie ist nicht die treibende Kraft.« (EL III, 5)

Die Möglichkeit gesellschaftlicher Korruption, des Niedergangs tugendhaften Verhaltens aber ist schon in den Worten des Königs ausgesprochen. In dem Maße, in dem die Bürger den Wohlstand und nicht mehr die Tugend als Kriterium der Unterscheidung nehmen werden, wird auch der König, so erklärt er, sich »durch das gleiche Mittel unterscheiden müssen«. Mit anderen Worten, der Regent wird die Kriterien der Hierarchie der Gesellschaft, die er regieren will, seinerseits akzeptieren müssen und ebenfalls nach Wohlstand streben. Wo der Wohlstand das zentrale Element sozialen Ansehens wird, erfährt die Tugend allein nur Verachtung. Der König weist warnend auf die Konsequenzen dieser neuen Rangfolge der Werte hin. In einer am Wohlstandsstreben orientierten Gesellschaft wird er durch Steuern und Abgaben einen großen Teil dessen, was die Bürger erwirtschaften, in seine Kassen umleiten: »Dann müßt Ihr Euch quälen, um mich zu bereichern.«

Es wird deutlich, daß auch das vom Volk gewollte Königtum die Gefahr in sich birgt, die Tugend als zentrales Handlungsprinzip der Gesellschaft zu verlieren. Offen bleibt, ob Handel und Handwerk selbst schon Ursachen des Verlusts der Tugend als Prinzip sind oder ob der durch sie jedenfalls ermöglichte Verfall der Sitten die Ursache eines Niederganges ist. Ein möglicher Zusammenhang besteht auch im Denken vom Montesquieu der *Lettres Persanes*.

Tugend und Krieg

Die beiden Enden der Parabel über die Troglodyten, die von
einem König regiert werden wollen und die sich deswegen in einen
Gegensatz zu ihrem Gründungskonzept begeben, sind nicht so
frei erfunden, wie es auf den ersten Blick erscheint. Das literarische
Vorbild der Debatte um die Einrichtung eines Königtums und des
Verzichtes auf freie Zusammenarbeit in einer Ordnung, die vom
einzelnen mehr und deswegen von der Herrschaftsorganisation
weniger verlangt, findet sich im Alten Testament.

Im ersten Buch Samuel begehrt das Volk Israel vom Propheten
Samuel: »Setze einen König über uns, der uns richte, wie alle Heiden haben«; und nach anfänglichem Widerstand des Alten
erscheint diesem Gott im Gebet. Es handle sich um den Abfall
Israels von der rechten Ordnung, wird dem Alten bedeutet. »Sie
tun dir, wie sie immer getan haben von dem Tage an, da ich sie aus
Ägypten führte, bis auf diesen Tag, und sie mich verlassen und
anderen Göttern gedient haben.« Und Gott fordert von Samuel:
»So gehorche nun ihrer Stimme. Doch bezeuge ihnen und verkün-
dige Ihnen das Recht des Königs, der über sie herrschen wird.«

Gehorsam warnt Samuel Israel vor den Folgen königlicher
Herrschaft: Kriegsdienst und Fronleistungen der Männer wird
der König — so warnt er — ebenso fordern wie Dienstleistungen
der Töchter am Königshofe »als Salbenbereiterinnen, Köchinnen
und Bäckerinnen«. Aber er wird auch »die besten Äcker, Wein-
berge und Ölgärten nehmen«, und zudem wird er Steuern erhe-
ben, um seinen Hof zu finanzieren. »Und eure Knechte und
Mägde und eure schönsten Jünglinge und eure Esel wird er nehmen und seine Geschäfte damit ausrichten.« Das Volk aber wei-
gert sich, den Warnungen des alten Samuel nachzugeben: »es soll
ein König über uns sein, daß wir auch seien wie alle Heiden« [69].
Samuel gibt nach, und Saul aus dem Stamme Benjamin wird, nach-

dem er sich zuerst der Erhebung in den Königsstand zu entziehen versucht, zum ersten König Israels.[70]

Auffällig ist nicht nur die Parallelität der Geschichten. Die Pointe liegt auch in den Unterschieden. Wo die Geschichte Israels, Samuels und Sauls vom Abfall des Volkes von der Herrschaft Gottes erzählt, der zu den Übeln königlicher Herrschaft führt, drohen die nämlichen Übel in der Geschichte Montesquieus wegen des Abfalls vom Prinzip der Tugend. Die Tugend der Bürger bei den Troglodyten, die diese durch die Erfahrungen der zuvor durchlaufenen Unrechtsregime (LP XI) zu schätzen wissen, steht an Stelle der Herrschaft Gottes über Israel.

Montesquieu läßt zudem den zum König gewählten Alten selbst eine vor den Folgen monarchischer Herrschaft warnende Rede halten. Im Buch Samuel ist die Rolle des Warners von der des Königs getrennt. Samuel warnt, Saul wird König. Der Gegensatz zwischen charismatisch-spiritueller Führungsrolle des Propheten und etabliertem Königtum ist bei Montesquieu verschwunden. Dieser Gegensatz, der die gesamte Geschichte der Prophetie in Israel durchzieht, setzt in der Tat einen aktiven, durch den Propheten wirkenden, handelnden Gott der Geschichte voraus, der auf diesem Weg in die Ereignisse eingreift. Montesquieu, der – wie wir sehen werden – von einer Religiosität bestimmt ist, die es ausschließlich der Vernunft des Menschen und seiner Freiheit überantwortet, richtig zu handeln, ist dieser Gedanke eines aktiven Gottes fern.

Aber es gibt noch ein weiteres Moment, das die Geschichten unterscheidet. Israel will einen König, weil dieser die Existenz des Volkes in einer außenpolitisch prekären Situation sichern soll. Es geht dem Volk Israel vornehmlich um einen militärischen Führer. Israel fordert den König nicht nur, »daß wir auch seien wie alle Heiden, daß uns unser König richte«. Das Volk will den König auch, damit er »vor uns her ausziehe und unsere Kriege führe«[71],

143

was dieser in der Folge denn auch erfolgreich tut.[72] Der Versuch, nach dem Sieg über die das Land plündernden Feinde den alten, königslosen Zustand wiederherzustellen, scheitert.[73] Es folgt die Geschichte der Kriegszüge Sauls. Vom Krieg aber ist bei der Königswahl der Troglodyten nicht die Rede, dieser hat in einer früheren Phase der Geschichte eine Rolle gespielt. Die Troglodyten wollen sowohl einen König als auch, später, die Einführung von Handel und Handwerk, weil ihre Bevölkerungszahl zunimmt, und dies ist eine Folge der friedlichen Entwicklung. Montesquieu hat den Krieg als Motiv für die Königswahl aus seiner Geschichte verbannt.

Es scheint wichtig, diesen Sachverhalt zu betonen, denn etwas ähnliches geschieht auch mit den antiken Republiken. Hier ist es allerdings Montesquieu selbst, der den Krieg zuerst als Zentrum und Existenzgrund der Römischen Republik und ihrer Tugenden schildert, um sodann in einem zweiten Schritt die Tugend in den antiken Republiken Roms und Spartas von allen kriegerischen Aktivitäten losgelöst als zentrales Handlungsmotiv selbstgenügsamer politischer Einheiten zu untersuchen. Die Rede ist von dem Unterschied, der zwischen den *Betrachtungen über Ursachen der Größe und des Verfalls der Römer* und dem *Esprit des Lois* sichtbar wird.

Es ist hier nicht die Frage, inwiefern die Darstellung der Stadtrepubliken der Antike den Ergebnissen der modernen Geschichtsforschung entspricht. Es soll auch nicht untersucht werden, inwieweit die Geschichtskenntnisse zur Zeit Montesquieus die von ihm entwickelte Vorstellung von einer durch Kargheit und Tugend geprägten Welt der Republiken bestätigen. Eine kritische Analyse auch des historischen Wissens des 18. Jahrhunderts würde gewiß eine Reihe von Fragezeichen hinter die Montesquieuschen Aussagen setzen. Interessanter als derartige historische und historiogaphische Forschung ist die Frage, was denn diese Bilder einer Antike, die von Tugend und Gleichheit geprägt ist, für das politische Denken und Urteilen von Montesquieu selbst bedeuten. Denn es ist auffallend, daß in seinem Denken selbst eine gewaltige Spannung zwischen der Darstellung der Tugenden der Römer in den *Considérations sur les causes de la grandeur des Romains et de leur décadence* und den Tugenden der Römer und der Bürger der anderen antiken Republiken im *Esprit des Lois* besteht.

Die *Considérations*

Montesquieus Untersuchungen über Größe und Niedergang Roms sind nicht eigentlich ein Geschichtswerk. Sie sind auch nicht eine Kompilation des zu seiner Zeit bekannten historiographischen Wissens. Das Werk gibt vielmehr eine Interpretation des bekannten Faktenmaterials über Rom, in dem Montesquieu den Aufstieg und die Auflösung der Weltmacht Rom als ein Paradigma des Werdens und Vergehens einer ganzen Zivilisation analysiert.

Es ist, als wolle der interessierte Leser der *Discorsi* Machiavellis – der Montesquieu ja tatsächlich war – das berühmte Zitat Machiavellis aus der *Geschichte von Florenz* am Beispiel der Geschichte Roms illustrieren. Bei Machiavelli lesen wir: »Es ist von der Natur den menschlichen Angelegenheiten nicht gestattet stillzustehen. Wenn sie daher ihre höchste Vollkommenheit erreicht haben und nicht mehr weiter steigen können, müssen sie sinken. Und wenn sie hinuntergekommen, durch die Unordnungen zur tiefsten Niedrigkeit abgesunken, nicht mehr sinken können, müssen sie notwendig steigen. So sinkt man stets vom Guten zum Üblen und steigt vom Übel zum Guten. Denn die Tugend gebiert Ruhe, die Ruhe Müßiggang, der Müßiggang Unordnung und Verfall.«[74]

Montesquieu zeigt in den *Considérations*, wie die Tugend der Römer, »la vertu«, die die »virtù« Machiavellis ist, den Aufstieg Roms zur Weltmacht ermöglichte und vorantrieb und wie die nämlichen Qualitäten der Römer nach Eroberung nahezu der ganzen damals bekannten Welt auch den Ruin des Reiches bewirkten.

Diese Tugend war kriegerisch. Die Bürger-Soldaten Roms lebten in einer Stadt, die keinen Handel und kaum Handwerk kannte. »Plünderung war das einzige Mittel für die einzelnen, reich zu werden«; und die Verfassung, die jedes Jahr andere Konsuln an die Spitze brachte, trieb ständig zum Kriege. Diese Führer »wollten ihre Amtszeit hervorheben, um eine neue zu erhalten, [...] und so drängten sie den Senat, dem Volk den Krieg vorzuschlagen und zeigten ihm täglich neue Feinde.« (C I, 72) Zudem wurde so von den Spannungen zwischen Senat und Volk abgelenkt, und eine intelligente Methode der Verteilung der Beute aus den Raubkriegen gegen die Nachbarn machte den Krieg zu einem nützlichen Mittel, das Volk im Innern zum Frieden anzuhalten. (C I, 72)

So befand sich Rom aufgrund seiner Verfassung ständig im Krieg und mußte untergehen oder immer weiter siegen. Montesquieu beschreibt die aus dieser ständigen Spannungs- und Kampfsituation entstehende Bewußtseinslage der römischen Bürger-Soldaten der frühen Republik: Da sie nur zum Frieden unter ihren Bedingungen — als Sieger — bereit waren, waren sie ständig von schrecklicher Rache ihrer Gegner bedroht, und so »wurden Standfestigkeit und Mut schiere Notwendigkeit; und diese Tugenden konnten nicht von der Selbstliebe, der Liebe zur Familie, zum Vaterland und zu allem, was den Menschen am teuersten ist, unterschieden werden«. Schon in den Anfängen, als die Römer noch mit ihren Nachbarn kämpften, stellt Montesquieu fest, übten sie sich so »in einer Tugend, die schicksalsbestimmend für das Universum werden sollte« (C I, 73-74).

Im engen Verband kämpfend, waren sie so aufeinander angewiesen, daß jeder Individualismus tödlich sein konnte. Disziplin und Kooperation bestimmten die Handlungen. Die egalitäre Verteilung des Bodens für die Subsistenz der Bauern-Bürger und die egalitäre Verteilung der Kriegsbeute unter diesen Bürger-Soldaten schuf eine »gute Armee, in der jeder ein gleiches und sehr großes Interesse hatte, sein Vaterland zu verteidigen« (C III, 81).

Um die Besonderheit dieser engen Verbindung zwischen militärischem, ökonomischem und politischem Interesse im Vergleich deutlich zu machen, skizziert Montesquieu die später im *Esprit des Lois* wiederaufgegriffenen Probleme, die sich aus der Ungleichheit ergeben.

Als die Gesetze der Gleichheit »nicht mehr so scharf beachtet wurden, entwickelten sich die Angelegenheiten so, wie sie derzeit unter uns sind: die Habgier einiger einzelner und die Qualität anderer konzentrierten die Grundstücke in wenigen Händen; die Handwerke für die wechselseitigen Bedürfnisse der Reichen und Armen wurden eingeführt. Das bewirkte, daß es fast keine Bürger und keine Soldaten mehr gab. Denn das Land, das früher zum Unterhalt der Soldaten bestimmt war, wurde für den Unterhalt von Handwerkern und Sklaven bewirtschaftet, den Instrumenten des Luxus der neuen Besitzer.« Im frühen Rom zur Zeit der gleichen Verteilung des Landes und der Beute aber war jeder Soldat mit gleichem Interesse an das Schicksal der Republik gebunden. Dies ermöglichte den Aufstieg der Stadt. (C III, 81-82) So verbanden sich im frühen Rom, erzwungen durch die militärischen Aktivitäten, Liebe zur Gleichheit und Liebe zum Vaterland zu einem Bewußtseinsamalgam, das erst durch die Ausweitung der Bürgerrechte auf alle Einwohner Italiens aufgelöst wurde. Die alten, militärisch geprägten Gesetze jedoch bestanden weiterhin, während mit dem wachsenden Reich die Tugenden verschwanden und nur als gewalttätige Praxis überlebten, die jetzt nicht mehr nur nach außen, sondern auch im Innern das Gemeinwesen bestimmte.

»Es ist wahr, die Gesetze Roms wurden ungeeignet, die Republik zu regieren. Aber dies sieht man immer wieder: Gute Gesetze bewirken, daß eine kleine Republik groß wird; weil die Republik gewachsen ist, werden die Gesetze zur Last. Die Gesetze hatten die natürliche Wirkung, ein Volk groß zu machen, aber nicht, es zu regieren.« (C IX, 118-119) Da die Verfassung vom Kriegswesen bestimmt war, kannten die Römer nur die Kriegskunst, und die für diese geforderten Tugenden waren auch die Qualifikation für die Ämter. (C X, 122) Die Gewalttätigkeiten, die sich in Bürgerkrieg, Caesarismus und Tyrannei austobten, nachdem keine ernsthaften äußeren Feinde mehr bestanden, führten zum Zerfall des Imperiums. Die Bürger selbst wurden jetzt behandelt wie zuvor die fremden Völker, gewalttätig und brutal. (C XV, 148)

Es zeigt sich, daß die römischen Tugenden des Zusammenhaltes und der Einordnung, der Liebe zur Republik und zur Gleichheit sowie der Unterwerfung unter das Gemeininteresse ganz offensichtlich ihren Sinn und Zweck in der kollektiven Ausübung von Gewalt hatten. Diese Gewalt äußerte sich in Form plündernder, raubender, erobernder und die Eroberten ausbeutender Kriegshandlungen und richtete sich, solange Feinde vorhanden waren, nach außen. Sie wendete sich dann aber zerstörerisch nach innen und ruinierte das durch Eroberungen geschaffene Reich.

Der *Geist der Gesetze*

Von all dem finden wir im Hauptwerk Montesquieus nur einen schwachen Widerschein, der an der Weisheit der Pléiade-Ausgabe der Werke zweifeln läßt, die die *Considérations* mit anderen Werken unter der Rubrik »Vorbereitung des *Geistes der Gesetze*«

zusammenfaßt. Sieht man von einer kurzen Bemerkung im achten Buch ab, wird auf die Erkenntnisse der *Considérations* betreffend die Gewalttätigkeit der »virtus« in Rom wenig eingegangen. »Wenn es also ein natürliches Merkmal kleiner Staaten ist, republikanisch regiert zu werden«, schreibt Montesquieu, »folgt daraus – will man die Prinzipien der bestehenden Regierung erhalten – daß man den Staat in der Größe, die er schon hatte, erhalten muß.« (EL VIII, 20)

Montesquieu verweist zwar, um Beispiele für die praktische Wirkung seiner Prinzipien zu geben, auf die klassischen antiken Republiken; die radikale Form des Prinzips der Tugend einschließlich der für deren Erhaltung notwendigen Bedingungen im Bereich der Landverteilung beschreibt er aber fast nur in bezug auf Rom und Sparta. Lakedaimon konnte sich in der Tat lange erhalten, »weil er sich nach allen seinen Kriegen immer auf sein Gebiet beschränkte«, wie dies alle griechischen Städte taten. (EL VIII, 16) Vom aggressiv-kriegerischen Hintergrund der Tugend aber, wie Montesquieu ihn für Rom aufzeigt, ist bei den Beschreibungen der Tugend als Prinzip republikanischer Verfassung im *Esprit des Lois* kaum mehr die Rede.

Bezeichnenderweise handelt auch die oben zitierte Stelle in den *Considérations,* wo die egalitäre Bodenverteilung in den Republiken als Grund für die Qualität der Armee angesprochen wird, nur von der *Verteidigung* des Vaterlandes. (C III, 81) Das auffällige Ausklammern des aggressiv-expansiven Elements der römischen Tugend, wie sie noch in den *Considérations* beschrieben wird, gipfelt in den Büchern IX und X des *Esprit des Lois*, in denen es um den Krieg geht.

Das Buch IX geht von dem Grundsatz aus, daß alle Staaten neben ihren spezifischen Zielen legitimerweise »einen gleichen Zweck haben, nämlich den, sich zu behaupten« (EL XI, 5), und untersucht Probleme der Selbstverteidigung. Feldzüge, die über die Selbstverteidigung hinausgehen, werden als für die innere Ordnung schädlich beschrieben, da sie die Verfassung schrittweise ruinieren.[75] Besonders Republiken werden als bedroht dargestellt, sie seien deswegen gut beraten, wenn sie sich zu Föderationen zusammenschließen. (EL IX, 1) Der Geist der Republiken wird als »der Geist des Friedens und der Mäßigung« bezeichnet. (EL IX, 2)

Dieser Geist des Friedens und der Mäßigung ist auch das Anliegen Montesquieus. Im zehnten Buch des *Esprit des Lois* spricht er über die Offensivkraft von Staaten, billigt ihnen aber nur für den Fall einer Bedrohung das Recht zu einem Präventivkrieg zu. Dies gelte insbesondere für die nur kleine Territorien umfassenden Republiken, die »öfter in einer Lage sind, in der sie befürchten müssen, zerstört zu werden«.

Ruhmsucht jedenfalls wird als Kriegsgrund verworfen, sie »ist eine Leidenschaft und kein legitimes Recht«. Montesquieu läßt keinen Zweifel an der Illegitimität von Eroberungskriegen und weist darauf hin, daß der Ruf der Gerechtigkeit mindestens ebenso zum Ruhm eines Fürsten beitrage wie erfolgreiche Kriege. (EL X, 2) Gewalt ist für Montesquieu grundsätzlich nur ein zur Verteidigung im oben beschriebenen weiteren Sinne legitimes Mittel. Die römischen Brutalitäten, die bis zur Ausrottung ganzer Völker gegangen seien, solle der Leser selbst beurteilen. »Hier muß man unseren modernen Zeiten, der gegenwärtigen Einsicht, der heutigen Religion, unserer Philosophie und unseren Sitten Anerkennung zollen«, erklärt er, wenn man beurteilen wolle, welche Besserungen eingetreten sind. (EL X, 3)

Nur die Verbesserung der Lage eines eroberten Volkes, die Einführung von Gerechtigkeit und Gleichberechtigung könne das Recht auf Eroberung begründen, das eigentlich »ein unheilvolles Recht« ist, »das stets eine unermeßliche Schuld zurückläßt, die man abzahlen muß, um sich vor der Menschheit zu rechtfertigen«

(EL X, 4). Die Tugend der Römer und die sich aus ihr ergebende sowie sie bedingende aggressiv-expansive Militärpolitik, die noch für Machiavelli so vorbildlich war (für Machiavelli war ja tatsächlich die Miliz-Armee eine Art »Schule der Nation«), ist offensichtlich nicht das, was Montesquieu im Sinne hat, wenn er von »vertu« spricht. Die Antike scheint mehr Kulisse als tatsächlicher Hintergrund für das zu sein, was der Autor des *Esprit des Lois* behandelt. Sein Verständnis von Tugend kann zwar an vorsichtig ausgewählten Beispielen des alten Italien und des alten Griechenland verständlich und für den Leser plausibel dargestellt werden, tatsächlich hat es andere Inhalte. In einer Notiz, die er in den endgültigen Text der *Considérations* nicht aufnahm, wird die Andersartigkeit seiner Vorstellung von bürgerlicher Tugend recht unmißverständlich deutlich gemacht. »Die Alten«, schreibt er, »die eine Religion haben, nach der sie die alten Helden wie Götter anbeteten, die unter die Menschen gekommen sind, hatten sehr falsche Vorstellungen vom beständigen Ruhm und der Tugend. Und indem Herkules, Theseus und die anderen durch ihre Taten in den Rang von Göttern erhoben worden waren, bewirkte dies, daß die, die sie nachahmten, für Götter gehalten wurden, von einer vollkommeneren Art als die anderen Menschen«. Es wäre besser, sich klarzumachen, betont Montesquieu, daß derartige Helden keinen Göttern folgten, sondern daß vielmehr diese Vorstellungen von Göttern nur die Bilder der »Helden« vergangener Zeiten gewesen seien. »Diese Menschen eroberten ja auch ohne Motiv, ohne Nutzen. Sie verwüsteten die Erde, um ihre Tugend zu praktizieren und um das Außerordentliche ihrer Existenz deutlich zu machen. Seit wir den Wert der Dinge ein wenig besser beurteilen, sind diese Helden lächerlich geworden – so sehr, daß der, der sie heute verteidigen würde, noch tausendmal lächerlicher wäre.« (P: M 575; C 137)

Rom, die Römer und die römischen Tugenden sind für Montesquieu mitnichten Vorbilder. In der römischen Tugend zeigen sich zwar Ansätze zum richtigen Leben, aber die Aggressivität, die sie entfaltete, ist zerstörerisch — auch wenn sie ein Weltreich begründete. Denn: Eroberung und Unterwerfung anderer Völker bedeuten Unglück und letztlich sogar die Selbstzerstörung des Eroberers, dessen kriegerische Tugend sich selbst ad absurdum führt. »Wer an dem großen Unglück zweifelt, das eine große Eroberung nach sich zieht, soll nur die Geschichte der Römer lesen. Die Römer haben die Welt aus dem blühendsten Zustand, in dem sie sein kann, herausgerissen. Sie haben die schönsten Einrichtungen zerstört, um eine einzige zu schaffen, die sich nicht erhalten konnte. Sie haben die Freiheit des Universums ausgelöscht und danach die ihre mißbraucht, sie haben die ganze Welt auf Eroberer und Enteignete, auf Tyrannen und Sklaven hinuntergebracht.« (P: M 1740; C 279)

10. Die Religiosität Montesquieus

Die Tugend, von der Montesquieu spricht, ist nicht die der antiken Geschichte; und die vom Prinzip der Tugend belebten Republiken in Montesquieus Werken sind nicht die der Vergangenheit, etwa gar römischer Provenienz. Zur Illustration von Tugend in seinem Sinne und von wohlgeordneter Republik bedient er sich zwar antiker Beispiele; aber er nennt kein historisches Vorbild.

Worum handelt es sich also, wenn Montesquieu von der Tugend und von den durch sie mit Leben erfüllten Republiken spricht? Diese Frage führt uns zu einem zentralen Bezugspunkt des politischen Denkens von Montesquieu. In seinem Verständnis von Tugend wird seine philosophische Auffassung von wohlgeordneter menschlicher Existenz in Gesellschaft, vom guten Leben, erkennbar. Wenn er von Tugend spricht, wird letztlich seine Auffassung vom Sinn menschlichen Lebens explizit: Montesquieus Religion.

Mit Religion verbinden die Menschen gemeinhin ein bestimmtes Lehr- oder Dogmengebäude, das in der Regel von einer Kirche oder von Priestern gelehrt wird. Es ist die Rede von bestimmten Ritualen, von Formen des Gottesdienstes. Und gegebenenfalls wird unter Religion auch noch verstanden, was die Verkünder des jeweiligen Glaubens oder die jeweilige Kirche und ihre Priester als Regeln für die Gestaltung des Verhältnisses der Menschen zu Gott und für das menschliche Zusammenleben entwickeln, befürworten, empfehlen, fordern oder erzwingen.

Man kann die Frage nach der Religion einer Person auch untersuchen und beantworten wie ein deutsches Einwohnermeldeamt oder der Verfassungsschutz. Nach deren Kategorien war Montesquieu Deist, plädierte zudem für die Gewissensfreiheit und zeigte gelegentliche Sympathien für das Christentum. Für die Karteikarten- und die Schubladenlogik ist dies ausreichend; es hilft uns aber nicht, seine Vorstellung vom richtigen Leben und von der dieses erfüllenden Tugend verständlich zu machen.

Wir wollen im folgenden bei der Frage nach der Religion Montesquieus auch untersuchen, was die Karteikartenlogik wissen will, aber wir wollen noch einen Schritt weiter gehen. Uns interessiert primär, was Montesquieu für dem Menschen übergeordnet hält, *das ihn bindet*. Wir interessieren uns also auch für Montesquieus Verständnis Gottes, des Heiligen, des Göttlichen, unter dem die Menschen in Gesellschaft und Geschichte leben und aus dem sich die eher praktischen Konsequenzen ergeben, die man im zuerst angesprochenen, stärker soziologischen, gängigen Religionsverständnis findet.

Gerechtigkeit

Montesquieu beschreibt sein Verständnis von natürlichen Gesetzen als den von Gott vorgeschriebenen Beziehungen in der Welt der Wesen und Dinge am Anfang des *Esprit des Lois*. Es gibt eine »ursprüngliche Vernunft«, erklärt er, »und die Gesetze sind die Beziehungen, die sich zwischen dieser und den verschiedenen Wesen sowie zwischen den Beziehungen dieser verschiedenen Wesen untereinander finden« (EL I,1). Diese Gesetze sind vom Schöpfer der Welt gegeben, gehen den positiven Gesetzen voraus, halten die Menschen in Abhängigkeit zu Gott und binden die Menschen untereinander.

Schon im Anfangskapitel seines Hauptwerkes macht Montesquieu die Dreipoligkeit der Gesetze, die das Handeln und die Ordnungen der Menschen bestimmen sollen, deutlich: Gott hat die ursprünglichen Gesetze gegeben; diese bestimmen das rechte Verhältnis der Menschen untereinander; sie können dies aber nur, wenn sie sowohl die Beziehungen der Menschen zueinander als auch die Beziehungen der Menschen zum göttlichen Grund prägen. Ob die Menschen den vorgegebenen Gesetzen über die richtig geordneten Verhältnisse zu Gott und zu den Mitmenschen entsprechen, hängt von ihrer Einsicht und ihrer Bereitschaft, der Vernunft zu folgen, ab. Da ihre Vernunft begrenzt ist, können sie irren. Offensichtlich bewußt der aristotelischen Tradition folgend, beschreibt Montesquieu die Menschen als handelnde Wesen, »die von Natur aus sich selbst heraus handeln«, so daß die Frage, ob die Menschen gerecht oder ungerecht handeln, ihrer eigenen Verantwortung übertragen ist. Von Natur sind die Menschen fürs Zusammenleben bestimmt, denn Ernährungsbedürfnisse, Sexualität und insbesondere Erkenntnis drängen die Menschen dazu, in Gesellschaft zu leben. Die Frage, wie sie ihre Beziehungen untereinander gestalten, ist also für die aus eigenen Antrieben handelnden Menschen von fundamentaler Bedeutung. Aber so sehr sich »allein aus der Verfassung unseres Seins« das wichtigste der natürlichen Gesetze ergibt, das uns »die Vorstellung eines Schöpfers einprägt und uns zu ihm hinzieht« (EL I, 2), so sehr sind die Menschen, was die Regelungen ihres Zusammenlebens anbetrifft, Opfer von Unwissenheit und Irrtümern. Sie unterliegen, mit schwachen Kenntnissen ausgestattet und diese teilweise vergessend, zudem als fühlende Wesen »tausend Leidenschaften« (EL I, 1).

Die Frage richtiger Ordnung, gerechten Handelns, von Gerechtigkeit ist für Montesquieu in diesem Spannungsverhältnis von gottgegebenen Gesetzen und von gottgegebener Unvollkommenheit der Menschen angesiedelt. Das heißt, alle politischen Ordnungsüberlegungen und alle Fragen der Ethik sind in diesem Spannungsfeld von Gott und der bestehenden Bindung zu ihm sowie der Existenz der Menschen in Gesellschaft angelegt. Die Existenz der Götter zu bestreiten, sie durch Opfer bestechen zu wollen oder ihnen jede Beziehung zu den menschlichen Angelegenheiten abzusprechen, seien gleich schwere Frevel, betont er, Platon zitierend. (EL XXV, 7) Und in der Tat sieht Montesquieu wie Platon im Göttlichen und seiner Präsenz, in der Gezogenheit des Menschen zu Gott, die Grundlage menschlicher Gerechtigkeit, die es ohne diesen nicht gibt.

An einer Stelle (P : M 1266; C 615) diskutiert er die Annahme, Gott existiere nicht. Er unterstreicht, Spinoza kritisierend, wie leer und sinnlos das menschliche Leben ohne Göttliches über ihm wäre. Die Psyche des Menschen würde dann ohne Ziel und ohne Ordnung nur die Kleinheit ihrer selbst erfahren und wissen: Es gibt keine Hierarchie der Güter, alles ist letztlich bedeutungslos.

Es ist nicht ohne Gewicht, daß Montesquieu danach Hobbes einer scharfen Kritik unterzieht. Denn: Für Montesquieu gibt es einen direkten Zusammenhang zwischen der Existenz Gottes und der Gerechtigkeit, die über den positiven Gesetzen diese begründet. Hobbes sei zwar weniger jenseits aller Vernunft als Spinoza, aber gerade darum noch gefährlicher. Hobbes sage, »es gibt keine Gerechtigkeit an sich, sie besteht nur in dem, was die Gesetze der Reiche gebieten oder verbieten«. Die enge Verbindung von Göttlichem und der Ahnung davon in der Psyche des Menschen aber löst erst das Fragen nach überpositivem Recht und nach Gerechtigkeit aus, das Montesquieu für das Zusammenleben der Menschen für unabdingbar hält. »Da ich mit den Menschen zusammenleben muß«, so erklärt er, »halte ich es in der Tat für wünschenswert, daß sie eine Regel der Gerechtigkeit haben, die sie daran hindert, mir Übles anzutun.«

Die Menschen sind unvollkommen, dies macht es auch nötig, daß sie einander helfen, und deswegen müssen sie sich durch Freundschaft und Verträge aneinander binden. Wenn heute die Menschen isoliert und von ihren vereinzelnden Interessen bestimmt sind, so ist dies »die natürliche Wirkung der ungebundenen Herrschaft (puissance arbitraire)« (P: M 1253; C 604).

Montesquieus Kritik an Hobbes[76] konzentriert sich denn auch genau auf das zentrale Problem des Herrschaftsvertrages, der nicht zu ungebundener Herrschaft des Fürsten ermächtigen darf. Der Vertrag, der ihm die Macht überträgt, so erklärt Montesquieu, muß auch den Fürsten binden. (P: M 224; C 601)

Den unsterblichen Gott des Leviathan ersetzt Montesquieu durch die Bindung, die Menschen untereinander eingehen und die sie *gegenseitig* und an Gott bindet. Dies macht zwar eine Gesellschaft nicht zu einem unsterblichen Gott, aber unterwirft sie doch dem Göttlichen. Was Montesquieu über Versprechen und Selbstbindung sagt, klingt zuerst – wie so viele Aussagen Montesquieus zur Religion – nur funktional. »Diejenigen, die sagen«, erklärt er, »ein Eid füge einem Versprechen nichts hinzu, irren sehr. Denn Ihr Versprechen bindet Sie nur, weil es mich einbindet, Ihnen zu glauben. Das Band wird also durch das Element des Vertrauens verstärkt. Ich habe mich auf Ihre Worte verlassen, nicht nur, weil Sie sie aussprechen, sondern auch, weil ich glaube, daß Sie Religion haben und weil Sie mir keinen Anlaß gaben, anzunehmen, Sie seien Atheist.« (P: M 1251; C 602)

Der Schein von Funktionalität, der dem Versprochenen nur eine größere Gewähr durch Eidesleistung und Gottesglauben gibt, ist aber eben nicht sein letztes Wort.

Der Eid und das Versprechen stellen die Selbstbindung eines Menschen bewußt über rein weltliche Abreden. Verläßlichkeit und vertragliche Bindung unter Gott erkennen an, daß die Vertragspartner ihre Bindung untereinander der gemeinsamen Bindung an das Göttliche unterwerfen. Sie verpflichten sich, die Einhaltung einer Abrede nicht den menschlichen Launen, Interessen und Bedürfnissen unterzuordnen. Die unveränderlich präsente Realität des Göttlichen soll auch die Vereinbarung unveränderlich machen. Die Bindung wird so zu einem Dreiecksverhältnis, das durch die Re-ligio, die Anbindung an Gott, auch die sich Bindenden über alle Zufälligkeit hinaushebt. »Ein Mensch, der Wort hält, wird den Göttern so ähnlich, wie es möglich ist.« (P: M 1430; C 1732)

Der Bibliothekar und der Quietist

Aber die Menschen sind nicht Einzelwesen unter Gott, sie leben in Gesellschaft. Schon in den *Lettres Persanes* läßt Montesquieu Usbek die Suche nach einem anfänglichen Gesellschaftsvertrag als »lächerlich« bezeichnen. »Wenn die Menschen keine Gesellschaft bilden würden, wenn sie getrennt wären und einander fliehen würden, müßte man doch fragen, warum sie sich getrennt halten. Tatsächlich werden sie schon aneinander gebunden geboren.« (LP XCIV, 269) Von Geburt an finden sie Eltern, Verwandte – andere Menschen – um sich, und so kann auch die Beziehung zum Göttlichen, zu Gott, zu den Göttern nicht auf eine Einzelbeziehung reduziert werden. Montesquieu kritisiert religiöse Haltungen, die sich in der Absetzung des Gläubigen von der Gesellschaft der Menschen manifestieren. Die antiken Religionen hätten die Bürger und die Gesellschaft etwa durch Feste in Harmonie zusammengehalten, während »heute der Islam und das Christentum, ausschließlich gemacht für das Leben im Jenseits«, diese Freude am Leben vernichten. (P: M 1606; C 588) An dieser Stelle in den nicht zur Veröffentlichung bestimmten *Pensées* nennt Montesquieu neben dem Islam auch das Christentum als eine Religion, die durch ihre Orientierung auf ein Jenseits den Wert dieser Welt der Menschen und Bürger relativiere. Im *Esprit des Lois* werden nur asiatische Kulte und der Islam als Beispiele für Religionen genannt, die die Menschen zu einer Abwendung von der Welt verführen. Der Hauptpunkt seiner Kritik aber wird deutlich: Die Menschen seien dazu geschaffen, »sich zu erhalten, zu ernähren, zu kleiden und alle die Aufgaben der Gemeinschaft zu erfüllen«. Die Religion dürfe deshalb »kein allzu beschauliches Leben gewähren« (EL XXIV, 11).

Montesquieu hält wenig von der Zurückgezogenheit mönchischen Lebens, das sich nicht auf die Welt einläßt. Seine Vorstellung von religiös bestimmtem Leben bezieht sich auf aktives Wirken unter den Menschen unter dem Gesetz göttlicher Gerechtigkeit. So sieht er im Mönchstum auch die Ursache praktischer Übel wie des Bevölkerungsrückganges. Wie er Usbek in den *Lettres Persanes* sagen läßt, hat dieser Rückgang eine Ursache in der »großen Zahl der Eunuchen« unter den Christen, »ich spreche von den Priestern und Derwischen beiderlei Geschlechts, die sich der ewigen Keuschheit verschreiben. Das ist bei den Christen die Tugend schlechthin. Ich verstehe sie darin nicht, weil ich nicht weiß, was das für eine Tugend sein soll, aus der sich nichts ergibt.« (LP CXVII, 305)

Es gäbe Grundsätze, schreibt er in seinen Überlegungen über die Pflichten, »die eine Art von Quietismus inspirieren, der einen Menschen seiner Familie und seines Vaterlandes beraubt«. Diese Grundsätze zerstören nach Montesquieu das Bewußtsein, Bürger zu sein, und führen zum Übel. (P: M 220; C 597) Was er unter diesem Quietismus versteht, beschreibt er äußerst drastisch im Rahmen seiner burlesken Schilderung der theologischen Kakophonie im 134. Brief der *Lettres Persanes*, wo die umfangreiche Literatur über die Bibel das Buch selbst völlig in den Hintergrund drängt: Die Quietisten sind die Mystiker mit den sanften Herzen. »Die

Frömmigkeit erhitzt zur Zartheit neigende Herzen und bewirkt, daß Geist ins Hirn eindringt, der dieses erhitzt; daraus entstehen Ekstasen und Begeisterung. Dieser Zustand ist das Delirium der Frömmigkeit. Oft vervollkommnet sich dieser oder besser, er verkommt zum Quietismus. Wissen Sie«, sagt der Bibliothekar, der den fragenden Rica durch die Bücherreihen führt, »ein Quietist ist nichts anderes als ein verrückter, frommer und in keine Sitten eingebundener Mensch (Libertin).«

Gottes Gesetze

Im Nachvollzug dieser Gedanken zu Religion und Religiosität wird deutlicher, was den Kern des religiösen Denkens Montesquieus ausmacht: Die Hinwendung zum Göttlichen, die als »Gezogen-Sein« erfahren wird, prägt das Verhältnis zu den Mitmenschen.

Religiosität zeigt sich so weniger in einem Verharren in Ruhe, die die Menschen in der Schau Gottes oder unter der Erfahrung des Göttlichen entwickeln. Religion und religiöse Bindung äußern sich vielmehr in einem Verhältnis zu Mitmenschen und Mitbürgern, das im Handeln wie im gesamten Leben vom Wissen um die Präsenz eines den Menschen übergeordneten Göttlichen und seiner in die Realität eingepflanzten Gesetze bestimmt und geprägt ist. Dieses Verständnis religiöser Bindung verkettet Montesquieus Vorstellungen von politischer Tugend mit seiner Interpretation von Freiheit überhaupt. Denn so wie die Tugend die Unterordnung des Bürgers unter die Gesetze der wohlgeordneten Republik und die Unterordnung des Eigeninteresses unter das gemeine Wohl fordert, so ist auch die Freiheit der Menschen zwar durch Beschränktheit und Irrtumsfähigkeit eingeengt, aber sie erlaubt den Menschen auch, sich in ihren Handlungen dem übergeordneten Gut zu unterwerfen, das von Gott durch unveränderliche Gesetze festgelegt ist. (ELI, 1) Dieses Gut heißt Gerechtigkeit.

Äste des Baumes

Das aktive Verbundensein mit den Mitmenschen, das sich in Freundschaft und Liebe manifestiert, ist für Montesquieu von derart zentraler Bedeutung, daß er in diesem Zusammenhang die sonst von ihm so gepriesene Lehre der Stoa kritisiert. Indem die Stoiker behauptet hätten, der wahre Weise liebe niemanden, »haben sie ihre Überlegungen zu weit vorangetrieben«. Es sei einsehbar, daß die Menschen, wären sie vollkommen tugendhaft, keine Freunde hätten. Aber, so fährt er fort, »wir können uns nicht mit allen unseren Mitbürgern verbinden. Also wählen wir eine kleine Zahl von ihnen, auf die wir uns beschränken. Wir schließen eine Art Vertrag zum gemeinsamen Nutzen.« Die Freundschaft ist aber nur ein notwendiger Ersatz für die Bindung der Menschen, die sie mit allen Menschen in Gemeinschaft hält. Montesquieu fährt fort, dieser Vertrag sei

»nur eine Einschränkung dessen, der uns mit der ganzen Gesellschaft verbindet, und doch scheint er diesem sogar in einem bestimmten Sinn zu schaden.

Tatsächlich sollte ein wirklich tugendhafter Mensch dem unbekanntesten Menschen ebenso zu Hilfe kommen wie seinem eigenen Freund. Er hat in seinem Herzen eine Bindung, die weder der Worte noch der Eide noch der Erklärungen bedarf. Ihn auf eine beschränkte Zahl von Freunden zu begrenzen hieße, sein Herz von allen anderen Menschen abziehen. Es hieße, ihn vom Stamm zu trennen und ihn mit den Ästen verbinden.« (P: M 1253; C 604)

Diese scheinbar immanentistische, die Menschheit gleichsam zum Gott erklärende Hinwendung zur Gesellschaft, den Mitbürgern und letztlich der Menschheit muß genau gelesen werden. Das, was die Äste hervorbringt, der Stamm nämlich, verbindet sie auch. Dieser ist eher als ein Symbol für den oben angesprochenen Schöpfergott zu interpretieren denn als eine rein innerweltliche Vergottung der Summe der Menschen.

Diese Interpretation wird durch eine andere Stelle in den *Pensées* gestützt, wo Montesquieu notiert, nichts komme dem Instinkt der Tiere näher »als jene Grenzen, die sich das Herz zieht, wenn es nur von seinem Eigeninteresse getrieben ist oder vom Interesse seiner nächsten Umgebung«, während, wie er zuvor niederschreibt, »nichts näher am Göttlichen (la providence divine)« ist als die »allumfassende Güte und die große Fähigkeit zu lieben, die alle Menschen umfaßt« (P: M 938; C 1097).

Diese Formulierung, ein menschliches Gefühl oder Tun sei nahe beim Göttlichen, geht für den undogmatischen Montesquieu bis an die Grenze dessen, was Menschen überhaupt unter dem Primat der Vernunft über Gott aussagen können. Alles, was darüber hinausgeht, vermeidet er vorsichtig. Daß es sich dabei aber nicht um leere Worte handelt, die gar irgendwelche dekorativen rhetorischen Redensarten wären, wird in einer späten Notiz des fast erblindeten Montesquieu deutlich, der seinem Sekretär den Wunsch diktiert: sein großes Werk möge der Menschheit helfen. »Unsterblicher Gott! Das Menschengeschlecht ist Dein würdigstes Werk. Es zu lieben heißt Dich lieben und am Ende meines Lebens gebe ich Dir diese Liebe.« (P: M 1805; C 206)

Gott über den Religionen

Die am Handeln und Tätigsein in der Welt orientierte Auffassung des Religiösen bei Montesquieu wird in Bemerkungen sichtbar, die bestimmte Handlungen der Menschen als nahe beim Göttlichen qualifizieren. Nimmt man — was geboten ist, denn es gibt keinen Anlaß, anders zu verfahren — diese Bemerkungen ernst, dann müssen auch viele Aussagen in Montesquieus Werk anders verstanden werden denn als funktionalistische Aussagen über den Nutzen der Religion für die Gesellschaft, wie sie heutzutage üblich sind. Diese gehen von der Irrelevanz des Wahrheitsgehaltes einer Religion aus und untersuchen ausschließlich deren gesellschaftliche Wirkungen.

Sieht man die Aussagen insbesondere im *Esprit des Lois* nicht in dieser Machiavellischen Tradition rein funktional, dann gewinnt man ein anderes Verständnis von Montesquieus Vorstellungen über die Bindung des Menschen. In diesem Fall teilen alle oder fast alle Religionen mit ihren verschiedenen Glaubenssätzen jede auf ihre Weise etwas über das Göttliche, das Heilige, das dem Menschen Übergeordnete und Vorgegebene mit, dessen Inhalte Montesquieu kaum diskutieren will.

Er hält alle Theologie, die über Gott handelt, als beschreibe sie eine Sache, für lächerlich und absurd. Die Annäherung an das Göttliche ist für ihn das letzte Wort, das er zu einem das Innerweltliche überschreitenden Problem jeweils zu sagen hat.

In der Geschichte von Aphéridon und Astarté aus den *Lettres Persanes*, die Geschwisterliebe und deren Verbot durch den Islam behandelt, werden einzelne Kulte als Verehrungen »der Werke und Manifestationen des Göttlichen« bezeichnet, die sich nur über diesen Umweg der Kulte an das Göttliche selbst richten (LP LXVII, 233); aber der Gedanke bleibt in dieser Erzählung beiläufig. Ein Brief Usbeks an den Derwisch Hassein radikalisiert dann das Problem, das Montesquieu immer wieder beschäftigen wird: Die Exaktheit geometrischer Gesetze als Maßstab beschreibend, sagt Usbek, es scheine ihm zwar, daß die heiligen Schriften nichts anderes seien als göttliche Gedanken, die in menschlicher Sprache wiedergegeben sind. Aber im Koran finde man »oft die Stimme Gottes und die Vorstellungen der Menschen, so als habe Gott durch einen bewunderungswürdigen plötzlichen Einfall seine Sätze diktiert und der Mensch habe die Gedanken hinzugegeben« (LP XCVII, 276).

Es ist, als sehe Montesquieu nicht die Relativität von Religion, wenn er sich so äußert, wohl aber die Relativität der Religionen, ihrer historischen, gesellschaftlichen und anderen besonderen Eigenarten, durch die hindurch man wohl ahnen könne, daß eine dahinterliegende Erfahrung des Heiligen in menschlich-gesellschaftsgebundener Form manifest wird. Der alte Montesquieu formuliert diese Einsicht in einem recht politischen Bild: »Gott ist wie ein Monarch«, schreibt er, »dessen Reich mehrere Nationen umfaßt; sie alle zollen ihm Tribut und jede spricht ihre Sprache: eine unterschiedliche Religion.« (P: M 1454)

Die Revolte gegen das Maß

Allein die Tatsache, daß Menschen an ein übergeordnetes Göttliches glauben, gibt ihnen schon etwas von jenem Maß, das die Voraussetzung bürgerlicher Existenz ist. Wo es keine Vorstellung vom Göttlichen gibt – so Montesquieu – gibt es auch keine Bereitschaft, die Begrenztheit menschlicher Existenz hinzunehmen. »Aus der Idee, daß Gott nicht sei, folgt die Idee unserer Bindungslosigkeit (indépendance)«, erklärt er, oder gar »die unserer Revolte« (EL XXIV, 2). Mit diesem Symbol der Revolte scheint mir mehr angesprochen zu sein als nur politischer Aufruhr.[77] Es geht um die Hinnahme der Grenzen menschlicher Existenz und um die menschliche Gebundenheit, gegen die sich die angesprochene Revolte des Gottlosen richtet, der der Versuchung nicht widerstehen kann, sich selbst für einen Gott zu halten, weil er den Ort über sich unbesetzt wähnt und meint, selbst allmächtig zu sein.[78] Montesquieu spricht die Weltreichsträume von Tamerlan und Dschingis Khan an, die zu Mord, Blutbädern und totalen Zerstörungen führten, wenn er von Herrschern spricht, die keine Bindung kennen wollten, oder von der Selbstvergottung eines Tiberius, Caligula, Nero, Domitian, Commodus oder Heliogabal. Derartige Typen jedenfalls seien durch das Christentum zum Verschwinden gebracht worden, auch wenn dieses »nicht viele tugendhafte Fürsten hervorbrachte« (P:M 551; C 2172). Aber auch ein Herrscher, der die Religion nur fürchte, sei ein Tier, das seine Bindung (»chaîne«) zwar hasse, aber doch gebunden sei. »Der, der gar keine Religion hat, ist ein schreckliches Tier, das seine Freiheit nur beim Zerreißen und Verschlingen empfindet.« (EL XXIV, 2)

Montesquieu und die Religionen

Montesquieus Religiosität zeigt so andere Züge als die Glaubens-, Erlösungs- und Verhaltenslehren, die man gemeinhin mit dem Ausdruck Religion belegt. Er erfährt sich wie seine Mitmenschen gebunden an Gott und an die vernünftigen Gesetze richtigen Umganges der Menschen miteinander. In den einzelnen Religionen, die die politische und gesellschaftliche Ordnung der Staaten prägen, beeinflussen und von denen sie wiederum beeinflußt werden, erkennt er Elemente der Erfahrung des Heiligen oder Göttlichen, die ihn zu großer Zurückhaltung bestimmen, wenn er sie beurteilt.

Seine »Toleranz« entpuppt sich als etwas anderes denn als einfache Hinnahme oder gar als »Ertragen« einer bestimmten Religion, sie umfaßt in aller Regel mehr: Montesquieu achtet die in der jeweiligen Religion sichtbar werdende Beziehung zum Göttlichen. Wo er Religionen beurteilt, beschränkt er sich — von wenigen Ausnahmen abgesehen, die wir angesprochen haben — darauf, die religiös begründeten Verhaltensregeln der Glaubenslehren zu untersuchen.

Christus

Die vorsichtige, zurückhaltende Art, die die Religiosität Montesquieus auszeichnet, drängt konsequenterweise zu einem ebenso vorsichtigen und zurückhaltenden Umgang mit den großen bestehenden Religionen, insbesondere bei der Beurteilung des in Europa herrschenden Christentums.

Wir haben schon eine Reihe von Bemerkungen untersucht, in denen Montesquieu die mäßigende Wirkung des christlichen Glaubens auf regierende Fürsten und den »esprit général« betont. Er hat zwar eine unübersehbare Reserve gegen die Orientierung zumindest bestimmter Formen des Christentums, die die Gläubigen zu sehr aus der Welt der Menschen hinausreißt; aber Montesquieu betont: »Die Menschheit verdankt dem Christentum die Idee der Gleichheit der Menschen.«[79] Dieser eminent politische Beitrag des Christentums wird ergänzt durch die Unvereinbarkeit christlicher Moral mit dem Despotismus. »Die christliche Religion ist vom reinen Despotismus weit entfernt«, schreibt er im *Esprit des Lois*, »die Sanftmut, die im Evangelium empfohlen wird, steht im Widerspruch zur despotischen Wut, mit der der Fürst sich Recht verschafft und seine Grausamkeiten verübt.« (EL XXIV, 3) Es steht für Montesquieu außer Frage, daß der christliche Glaube einen wichtigen zivilisierenden Beitrag leistet. Er erkennt auch, daß dieser vornehmlich in der Gnadenlehre besteht, die es den Menschen erlaubt, schuldig geworden auf die göttliche Liebe und Gerechtigkeit zu hoffen, die anders ist als die Gerechtigkeit der Menschen. In einer langen Passage preist er diese Wirkung der christlichen Botschaft, die die Umkehr auch des Verbrechers möglich macht:

»Die heidnische Religion [...] konnte unsühnbare Verbrechen kennen. Aber eine Religion, die alle Leidenschaften umfaßt, die Wünsche und Gedanken nicht weniger beachtet als die Handlungen, die uns nicht mit einigen Ketten im Zaum hält, sondern mit unzähligen feinen Fäden bindet, die über die menschliche Gerechtigkeit hinausschreitet und eine andere Gerechtigkeit anheben läßt, die dazu angetan ist, von der Reue zur Liebe und von der Liebe zur Reue zu führen, die zwischen den Richter und den Verbrecher einen großen Mittler und zwischen den Gerechten und den Mittler einen großen Richter stellt: eine derartige Religion darf keine unsühnbaren Verbrechen kennen. Doch, wenn sie auch allen Furcht und Hoffnung gibt, läßt sie doch deutlich spüren, daß es zwar kein unsühnbares Verbrechen, wohl aber ein unsühnbares Leben geben kann. Sie läßt spüren, daß es sehr gefährlich sei, die Barmherzigkeit ständig durch neue Verbrechen und neue Sühne herauszufordern. Sie läßt spüren, daß wir uns, beunruhigt durch alte Schuld, die Gott gegenüber niemals getilgt ist, davor hüten müssen, neue Schuld auf uns zu laden, das Maß damit zu überlasten und die Grenze zu überschreiten, an der auch die väterliche Güte endet.«

Am Anfang der zitierten Stelle finden wir die uns schon bekannte Metapher der Fische im weiten Netz, die sich frei fühlen, wieder, die um die Idee der Umkehr und Reue erweitert wird. Das Ende des Zitats spricht die Grenzen der christlichen Befreiung an, die nicht alles entschuldigen kann. Der Mittelteil hingegen ist eine der wenigen Stellen, an denen Montesquieu direkt die Mittlerstellung Christi anspricht. Christus wird sozusagen als mäßigender Faktor göttlicher Gerechtigkeit genannt, der dem Verbrecher, der umkehrt, Hoffnung gibt.

Die zitierte Stelle aus dem dreizehnten Kapitel des Buches XXIV des *Esprit des Lois* wurde von Lacordaire als die feinste Verteidigung des Christentums im 18. Jahrhundert bezeichnet.[80] Es ist allerdings unübersehbar, daß – trotz aller Betonung der besonderen Stellung Christi – der Hauptakzent Montesquieus auf der Wirkung der christlichen Botschaft und nicht auf deren spirituellem Gehalt liegt. Der spirituelle Gehalt des Opfertodes Christi scheint für Montesquieu tatsächlich schwer zugänglich. Er zögert, diesen als Heilsereignis anzunehmen; in den *Pensées* formuliert er seine eigene ungeklärte Spannung. Die Idee des Opfers Gottes sei eine »idée révoltante«, eine entrüstende Vorstellung. Wenn die christliche Religion nicht göttlich sei, dann sei sie sicher absurd, schreibt er vorsichtig abwägend. Die Einführung des Christentums sei gewiß, wenn sie sich nicht aus den geschichtlichen Ereignissen notwendig ergäbe, »das außerordentlichste Ereignis, das jemals geschah« (P: M 969; C 2148).

Die Spannung, die der junge Montesquieu in der zitierten Gedankennotiz artikuliert, bleibt sein Leben lang bestehen. Sie scheint mir allerdings mehr und mehr durch die bekannten Überlegungen verdrängt zu werden, die die positiven Wirkungen des Christentums in den Vordergrund rücken. Montesquieu ist kein Theologe, und christologische Fragen stehen nicht im Vordergrund seines Interesses. Und so kann er denn noch vor dem oben zitierten Gedanken ganz praktisch im selben Heft der *Pensées* niederschreiben, in Anbetracht der Ängste und des Aberglaubens der Menschen sei die »natürliche Religion« unzureichend; nur eine Offenbarungsreligion könne die Menschen auch heute davon abhalten, in grobschlächtigen Aberglauben zu verfallen. (P: M 825; C 2110)

Das Christentum hat also eine gute, die Menschen bindende

Wirkung. Sie gilt für alle Menschen, und alle werden als gleiche Kinder Gottes angesehen. Damit sprengt das Christentum den Rahmen der einzelnen Gesellschaften. Seine Anerkennung des Menschen als Gotteskind gilt allen. Es hilft damit, die Reduktion politischer Tugend auf die jeweilige Republik durch Liebe zu allen Menschen zu überwinden. Dieser Leistung des Christentums gilt das besondere Interesse Montesquieus.

Vom Nutzen der Religion

Im *Esprit des Lois* untersucht Montesquieu die aus dem Glauben und der Bindung des Menschen entstehenden Konsequenzen der verschiedenen Religionen fürs praktische Leben der Bürger und der Gesellschaften. »Ich will die verschiedenen Religionen der Welt nur im Hinblick auf ihren Nutzen untersuchen, den der zivile Staat aus ihnen gewinnt.« (EL XXIV, 1) So sieht er eine Komplementarität zwischen einer bestimmten Religion und der ihr zugeordneten bürgerlich-politischen Ordnung. »Da die Religion und die bürgerlichen Gesetze hauptsächlich danach streben müssen, die Menschen zu guten Bürgern zu machen, leuchtet es ein, daß, wenn sich eine der beiden von diesem Ziel abwendet, die andere um so mehr darauf hinarbeiten muß: Je weniger die Religion hemmend wirkt, um so stärkere Hemmungen müssen die bürgerlichen Gesetze geben.« (EL XXIV, 14) Er folgert fürs Christentum, dieses wolle »ohne Zweifel, daß jedes Volk die besten politischen und bürgerlichen Gesetze habe, weil sie nach ihrem eigenen Selbstverständnis das größte Gut sind, das Menschen gewähren und empfangen können« (EL XXIV, 1).

Die Hemmung, die »modération«, steht also im Zentrum seiner Überlegungen, denn diese macht den guten Bürger und die gute Ordnung aus. Verfassung und Religion müssen einander ergänzen, damit eine gute Gesellschaft besteht. Sei es, daß die Bürger durch religiöse Vorschriften gehemmt werden, ihren Leidenschaften nachzugehen, seien es Gesetze, die sie binden. Bürger wie Politiker – die gesamte Ordnung wird durch Mäßigung in Ordnung gehalten. In einem Fall soll der Ruin einer Ordnung durch Haß und Feindseligkeit mittels der Religion bekämpft werden (EL XXIV, 17); in einem anderen Fall bedürfen Fatalismus verbreitende Religionen strengerer Strafgesetze (EL XXIV, 14).

Die Komplementarität von Religion und politischer Ordnung darf aber nicht zu einer Verwischung der Grenzen zwischen den religiösen Geboten und den Gesetzen der bürgerlichen Ordnung einer Gesellschaft führen. »Diese Unterscheidung, die die Grundlage ist, auf der die Ruhe der Völker liegt, ist begründet nicht nur in der Religion, sondern auch in der Vernunft und in der Natur, die alle wollen, daß Angelegenheiten, die tatsächlich getrennt sind und die nur getrennt bestehen können, niemals zusammengegossen werden.« (C XXII, 203)

Die Gesetze der Religion sollen den Glauben in seinem Bereich und mit den Mitteln des Glaubens und denen der Religionsgemeinschaft schützen und stärken. »Damit die Strafe für die einfachen Gotteslästerungen der Natur der Sache entspricht, muß sie in der Entziehung aller Annehmlichkeiten bestehen, welche die Religion gewährt: in der Ausstoßung aus den Kirchen, in der zeitweiligen oder dauernden Ausschließung aus der Gemeinschaft der Gläubigen, in der Vermeidung des Umganges, in Verwünschungen, Verfluchungen und Beschwörungen.« Gotteslästerung, jede Art von Mißachtung der Gottheit, Ketzerei können kein Tatbestand des Strafrechts sein, solange sie nicht die öffentliche Ordnung oder die Ausübung des Kultes stören. Bei den Handlungen, »welche die Gottheit verletzten, ohne daß eine öffentliche Handlung vorliegt, ist für Straftatbestände kein Raum.

170

All dies vollzieht sich zwischen dem Menschen und Gott, der das Maß und die Zeit der Vergeltung weiß.« (EL XII, 4)

»Im Bereich der Religion muß man Strafgesetze vermeiden« (EL XXV, 12), schreibt Montesquieu. Der spirituelle Bereich menschlicher Existenz in Gesellschaft kann legitimerweise kein Gegenstand der politischen Gesetzgebung sein. »Man darf nicht durch göttliche Gesetze regeln« – und darunter versteht Montesquieu die Gesetze der Religion (EL XXVI, 1) –, »was durch menschliche Gesetze geregelt werden muß, und ebensowenig darf man durch menschliche Gesetze ordnen, was durch göttliche Gesetze geregelt werden muß.« (EL XXVI, 2) Der Bereich des Glaubens und die aus ihm sich ergebenden Verhaltensweisen müssen also von den Bestimmungen, die das praktische Zusammenleben der Bürger und die öffentlichen Angelegenheiten regeln, rechtlich geschieden werden.

Toleranz

Will man gar die persönlichsten Glaubensüberzeugungen eines Menschen zum Gegenstand strafrechtlicher Verfolgungen machen, zerstört man die für die Sicherheit und Freiheit der Bürger notwendige Trennung der Bereiche. »Wenn man diese Dinge vermengt, und auch dem geheimen Sakrileg nachspürt, so unterwirft man eine bestimmte Art von Handlungen der Inquisition.« (EL XII, 4)

Montesquieu war ursprünglich der Überzeugung, daß die Verfolgung Andersgläubiger, insbesondere der Juden, in seiner Zeit ein Ende gefunden habe.[81] Um so größer war seine Erschütterung, wie die des gesamten zivilisierten Europa, als die Ungeheuerlichkeiten der Judenverfolgungen in Portugal bekannt wurden.

So wie er im dreizehnten Kapitel des Buches XXIV das Christentum preist, so äußert Montesquieu im dreizehnten Kapitel des Buches XXV des *Esprit des Lois* seinen Zorn und seine Erschütterung über die Morde aus missionarischem Eifer. In seiner »untertänigen Vorstellung an die Inquisitoren in Spanien und Portugal« spricht er von einer achtzehnjährigen Jüdin, die bei dem Ketzergericht in Lissabon verbrannt wurde. Er läßt einen Juden seine Klage vortragen, die die Unvereinbarkeit des christlichen Glaubens mit Feindseligkeit und Gewalt gegen andere Religionen deutlich macht:

»Wir beschwören euch nicht bei dem allmächtigen Gott, dem wir beide dienen, ihr und wir, sondern bei Christus, von dem ihr uns sagt, er sei Mensch geworden, um euch ein Beispiel zu geben, dem ihr nachfolgen könnt; wir beschwören euch, mit uns so umzugehen, wie er selbst es getan hätte, wenn er noch auf Erden weilte. Ihr wollt, daß wir Christen sind, aber selbst wollt ihr es nicht sein [...]. Wenn ihr nun im Besitz der Wahrheit seid, dann verbergt sie uns nicht durch die Art, wie ihr sie uns darbietet. Das Wesen der Wahrheit liegt in ihrem Sieg über die Herzen und Geister und nicht in der Ohnmacht, die ihr bekundet, wenn ihr sie uns mittels Todesstrafen aufzwingen wollt [...].«

Verschiedene religiöse Überzeugungen, die in einer Gesellschaft nebeneinander bestehen, müssen von den Regierenden geduldet werden, ja, die Gesetze eines Staates müssen die verschiedenen Religionsgemeinschaften zwingen, einander zu dulden. Ein Bürger erfülle seine Pflichten nicht allein schon dadurch, daß er keine Unordnung in die öffentlichen Angelegenheiten hineintrage, »er darf auch keinen Mitbürger stören, wer es auch sei« (EL XXV, 9). Auch wenn Montesquieu in einer Fußnote darauf hinweist, er spreche in diesem Zusammenhang nicht von der christlichen Religion, wird doch deutlich, wie sehr er die Zurücknahme des Ediktes von Nantes verurteilt, mit der Ludwig XIV. die Protestanten der Duldung durch den französischen Staat beraubte. Er erklärt,

wenn man eine Religion zugelassen habe, »muß man sie dulden«
(EL XXV, 10).[82] Man müsse sich nämlich davor hüten, seitens
der Regierung eine bestimmte Religion zu erzwingen. »Der Him-
mel kann Gläubige machen; die Fürsten machen Heuchler.«
(P: M 1007; C 630)

Der Streit der Konfessionen

Die Duldung einer bestehenden Religion allerdings ist etwas
anderes als die Einführung oder Zulassung einer neuen. Wie wir
oben gesehen haben, spielt für Montesquieu der spirituell-reli-
giöse Bereich eine wichtige, die politische Gesellschaft stabilisie-
rende Rolle. Diese Rolle oder Funktion kann eine Religion nur
wahrnehmen, wenn sie weder in den politischen Bereich eindringt
noch in theologische oder andere Auseinandersetzungen mit konkurrierenden Glaubenslehren gerät. Da es aber »nur die intoleran-
ten Religionen sind, die mit großem Eifer danach trachten,
anderswo Boden zu gewinnen«, ist ein Staat nach Montesquieus
Überzeugung gut beraten, wo immer er kann, die Einheitlichkeit
der religiösen Überzeugungen seiner Bürger anzustreben. Er verwirft deswegen die Mission in China. Eine Bekehrung der Chinesen zum Christentum würde nur zu Wirren und Unordnung
führen. Denn indem man in der Mission den Chinesen »die
Falschheit ihrer Religion aufzeigen muß, werden sie zu schlechten
Bürgern, noch bevor man sie zum Christentum bekehren kann«
(P: M 531; C 1344).[83] Wo er es also ohne Gewalt vermag, sollte ein
Staat, »der mit der bestehenden Religion zufrieden ist, die Zulassung einer anderen nicht dulden« (EL XXV, 10).
   Diese Bemerkungen erscheinen uns fremd. Sind wir doch
gewöhnt, Religiosität nicht allzu ernst zu nehmen, sie auch nicht
eng mit der Politik zu verbinden und sie zur »Privatsache« zu

erklären. Um Montesquieus Äußerungen zu verstehen, muß man sie vor dem Hintergrund des religiösen Bürgerkrieges und der Vertreibung der Hugenotten aus Frankreich, aber auch vor dem Hintergrund der Auseinandersetzungen der Jesuiten und der Jansenisten im Frankreich Montesquieus betrachten. Die theologischen Verschiedenheiten waren in diesen Fällen weitgehend ihrer spirituell-theologischen Inhalte beraubt, bald zu politischen Konflikten degeneriert. Diese hatten den königlichen Hof und die Regierung ebenso in Parteien gespalten wie die Parlamente, und sie hatten zu konstitutionellen Konflikten zwischen König und Parlamenten geführt. Die theologischen Fragen waren zu Katalysatoren von Auseinandersetzungen geworden, die dem heutigen Beobachter der Politik gar nicht so unbekannt sind: ideologische Strömungen ohne Beziehung zur praktischen Politik.

Es ist interessant zu sehen, wie Montesquieu die Übel der Anfänge ideologischer Aufladungen der Politik im Frankreich des 18. Jahrhunderts analysiert.

Wo der Streit der Konfessionen und Religionen sich der Politik bemächtigt, wird die Politik selbst ruiniert. Dann ist es aus mit der Existenz des guten Bürgers, und die Verrücktheiten der Konfessionsparteien bestimmen die öffentlichen Angelegenheiten. »Die Religionsstreitigkeiten bewirkten, daß die Ordnung nicht mehr eine Verfassung war, derzufolge man nach den Gesetzen lebte, sondern daß sie eine Verschwörung jener wurde, die auf eine bestimmte Weise dachten, gegen alle, die anders dachten. Ein Übel, das wir unseren modernen Zeiten verdanken.« (P: M 917; C 2182)

Worin diese Übel im einzelnen bestehen, untersucht Montesquieu in einer längeren Passage der *Pensées*. (P: M 610; C 2045) Diese Passage macht deutlich, daß er die Anfänge der Zerstörung praktischer Politik durch theologisch-ideologisch aufgeladenes Bewußtsein sehr genau identifiziert. [84]

174

Als erstes Phänomen beobachtet Montesquieu, daß der Streit das Denken und Handeln der Regierung unverhältnismäßig beschäftigt. »Wenn ein Staat von Religionsstreitigkeiten geplagt wird, ist der Fürst notwendigerweise völlig mit diesen beschäftigt; das bewirkt, daß er alle anderen Fragen als weniger wichtig diesen unterordnet.« Dies hat Konsequenzen für das Personal, das den Regierenden umgibt: »Intelligente Menschen, die das Übel heilen könnten, sind durch ihre ihnen eigene Mäßigung von dem Streit ermüdet.« Sie ziehen sich, weil sie an dem Unsinn kein Interesse haben, resigniert zurück, »während andere ihre ganze Aktivität in den Streit hineintragen«. Diese anderen sind Leute, die eigentlich nichts in der Politik zu suchen haben; sie lieben derartige Dispute, weil sie ihnen erlauben, in die Politik einzudringen, obwohl »ihr Stand, ihre Geburt und ihr Beruf sie davon ausschließen«. Diese seltsamen theologisch-ideologischen Disputanten dringen in die öffentlichen Ämter. Es bilden sich »Parteien«. Der Fürst, der die Ämter vergibt, kann sich der Dynamik des Streits meist nicht entziehen, nimmt Partei und gewinnt die Zuneigung und Achtung einer Partei, während ihm von der anderen nur Haß und Verachtung entgegengebracht wird. Als Parteigänger aber wird er nicht mehr nach seinen Tugenden und Lastern, sondern nach seiner Position im Streit beurteilt, so wie auch er »seine Untertanen nach sachfremden Kriterien beurteilt; nicht mehr nach persönlichen Qualitäten oder deren Fehlen vergibt er die Ämter, sondern nach der Parteizugehörigkeit«.

Eine Unzahl von Bürgern ist von dieser Entwicklung der öffentlichen Angelegenheiten abgestoßen, sie fühlen sich ohnmächtig und ziehen sich zurück. Apathie macht sich breit – eine Basis für große Umstürze.

Montesquieu meint, man könne diese Art von Religionsstreit nur durch geringe Beachtung mäßigen. Derartige Konflikte erledigten sich auf die Dauer von selbst und würden belanglos. Das

Volk berührten sie sowieso kaum. Die streitenden Theologen aber solle man auf ihr professionelles Feld zurückdrängen, denn je mehr man sie zu einer Einigung dränge, um so mehr würden sie durch den Streit bedeutungsvoll. [85]

Das gute Leben

Ob es sich um Mission oder um Konfessionskonflikte handelt, die von Eiferern vom Zaun gebrochen werden – beide stören das hohe Gut des Friedens, weil sie Unsicherheit, Haß und Leidenschaften in der Gesellschaft hochtreiben. Sie entziehen der Nächstenliebe damit ihre gesellschaftliche Basis. Das Christentum ist genau wegen seiner Betonung der Nächstenliebe von so hohem gesellschaftlichem Wert. »Denn so wahr es ist, daß es keine Rettung ohne Glauben gibt, so wenig gibt es sie ohne Nächstenliebe. Denn es ist – in Anbetracht der menschlichen Unwissenheit – manchmal leicht, in Glaubensfragen zu irren, aber es ist unmöglich, sich in Fragen der Nächstenliebe zu irren.« [86]

Diese Liebe zu den Mitmenschen, die Montesquieu beim Christentum konstatiert und die er auch in der Lehre der Stoiker entdeckt, hat einen spirituellen Sinn, weil sie der Gebundenheit des Menschen an die göttlichen Gesetze entspricht. Sie hat aber auch eine praktische Wirkung, weil sie die Menschen entsprechend ihrer Eingebundenheit als Bürger handeln heißt. Sie ist das gefühlsmäßige Element der politisch so wichtigen Mäßigung, die eine Mäßigung der Leidenschaften und Begierden der Selbstliebe ist. Die Tugend Montesquieus entpuppt sich als die politische Tochter der stoisch-christlichen Liebe zu den Menschen. Beide stellen Selbstbeschränkungen des Egoismus und des reinen Interessendenkens dar. Sie sind, wo sie praktiziert werden, Bindung und Mäßigung. Eine Mäßigung allerdings, die nicht durch äußere

Zwänge oder Schranken erreicht wird, sondern die aus der wohlgeordneten Psyche des einzelnen resultiert. Gefühl, Neigung und Gewohnheiten führen ebenso wie Überzeugung und Glaube zur selbständigen und freien Mitwirkung des guten Bürgers in der Gesellschaft.

Wie sehr für Montesquieu alle Politik und alle Gesetze nur ein von Menschen errichtetes Reich der Ordnung darstellen, das ein Abbild der religiös begründeten, vernünftigen Existenz des Menschen ist, wird deutlich, wenn man die Prinzipien eines sich selbst aus Liebe zu den Menschen Bindenden mit den zu Anfang des *Esprit des Lois* entwickelten klassischen Tugenden vergleicht.

Im zehnten Kapitel des Buches XXIV seines Hauptwerkes, das – beachtet man die Tatsache klerikaler Kontrolle und möglicher Indexierung literarischer Äußerungen in Frankreich – wohl als eine Art Glaubensbekenntnis verstanden werden kann, preist Montesquieu die Stoa: »Wenn ich für einen Augenblick vergessen könnte, daß ich ein Christ bin«, schränkt er ein, und wenn man »für einen Augenblick von den offenbarten Wahrheiten absieht«, dann habe niemals eine Lehre oder Religion »des Menschen würdigere und zur Heranbildung guter Menschen geeignetere Grundsätze vertreten als die stoische«.

Die Lehre dieser Schule zusammenfassend, wiederholt Montesquieu dann seine Darstellung der republikanischen Tugend. Die Stoiker waren »bemüht, für das Glück der Menschen zu arbeiten und die Pflichten der Gemeinschaft zu erfüllen [...]. Geboren für die Gemeinschaft, hielten sie es alle für ihre Bestimmung, für sie zu arbeiten: ohne jeden Gedanken an Entgelt, da sie ihren einzigen Lohn in sich selbst fanden.«

Nachwort: Warum Montesquieu?

Es ist schwer, das Bild, das wir von Montesquieu haben, von den geschichtlichen Ereignissen, die nach seinem Tod die Welt veränderten, völlig zu lösen. Die erfolgreiche Amerikanische Revolution, die zur Gründung der ersten modernen demokratischen Republik in einem großflächigen Staat führte, hat unsere Sicht ebenso verändert wie die Ereigniskette der Französischen Revolution von 1789, 1830 und 1848. Die Russische Revolution von 1917 und der Nationalsozialismus in Deutschland haben durch die Regime, die sie errichteten, die Welt verändert. Es ist heute fast unmöglich – auch wenn die beiden letztgenannten Alpträume überwunden zu sein scheinen –, einen Denker zu verstehen, der vor dem Beginn des Zeitalters der Revolutionen und Ideologien über die Bedingungen, Grenzen und Möglichkeiten freiheitlicher Existenz der Menschen in Gesellschaft nachdachte.

Wir stehen zwar, so hofften wir wenigstens einen kurzen Augenblick lang nach dem Zusammenbruch des Sowjet-Imperiums, am Ende des Tunnels ideologischer Verblendung, den die europäische Zivilisation durchschritten hat, aber wir können natürlich nicht zurück in die Zeit vor Beginn des Zeitalters der geistigen Wirren, Entgleisungen und Konvulsionen, die so viel Zerstörung, Leid, Elend und Unrecht angerichtet haben.

Wozu sich also mit einem Denker beschäftigen, der vorrevolutionär und antirevolutionär die gesellschaftliche Wirklichkeit des damals scheinbar so wohlgeordneten Europas interpretierte? Wozu heute Montesquieu studieren? Handelt es sich dabei um das Studium eines repräsentativen Denkers des 18. Jahrhunderts, der uns die europäische Vergangenheit zu verstehen hilft? Sicher auch; ich meine aber, bei Montesquieu finden wir mehr als geistesgeschichtliches Wissen. Wir finden in ihm mehr als einen Vorläufer – dies ist ja eines jener schrecklichen Wörter, das die Erfahrungen und Gedanken eines Menschen auf dem Altar einer im nachhinein konstruierten »Entwicklung« opfert; es repräsentiert eine Denkweise, der in Europa so viel zum Opfer gebracht wurde – für die moderne Soziologie, den Historismus, den Positivismus, den Gradualismus, den Reformismus, den Liberalismus, den Konstitutionalismus ...

Wir werden uns der besonderen und höchst rationalen Vorgehensweise Montesquieus natürlich erst bewußt, wenn wir seine Überlegungen von den institutionellen oder gesellschaftlichen Forderungen und Überlegungen befreien, die ihn als Kind seiner Zeit identifizieren. Die privilegierte Teilnahme des Adels oder anderer Stände erweisen sich dann als Mittel, souveräne Macht zu verhindern, wofür heute andere soziale und politische Institutionen und Organisationen besser geeignet sind. Die Verfassungsaufgabe der Mäßigung aber bleibt, weil deren Begründung stimmt. Und: Das Problem bürgerlicher Tugenden in Republiken bleibt, weil die Checks und Balances der Institutionen und des Interessenpluralismus eine Gesellschaft wahrscheinlich doch nicht allein zusammenhalten können.

Montesquieus Analyse der modernen Ökonomie braucht nicht wertlos zu werden, weil er sie an die monarchischen Nationalstaaten bindet. Und beispielsweise der rücksichtslose Umgang mit der Wirtschaftskraft im Despotismus, der nicht auf Kontinuität angelegt ist, ist gewiß nicht nur eine Eigenart despotischer Regime. Es gibt auch andere, die nur auf die »schnelle Mark« hin organisiert sind.

Es ist gewiß auch richtig, daß mit den drei Prinzipien, die

Montesquieu nennt und die eine Gesellschaft zusammenhalten können, ihre Zahl nicht erschöpft ist.

Übt man sich aber darin, die Überlegungen, Analysen und Beschreibungen des Baron de La Brède et de Montesquieu von ihren Fragestellungen her zu verstehen, und strebt man danach, sein Denken vom Sinn institutioneller Konzeptionen aus zu interpretieren, dann entdeckt man einen Denker, der für unsere Zeit von großer Bedeutung ist.

Der Zusammenbruch des Sowjet-Imperiums hat eine seltsame Art von neuartigen Handlungsreisenden hervorgebracht, die die Hauptstädte der Länder des zerfallenen Imperiums heimsuchen. Die kleinen schwarzen Aktenköfferchen dieser »commis voyageurs« enthalten Vertragsentwürfe und Entwicklungsprojekte, und in den Köpfen dieser Vertreter in Entwicklungssachen und freiheitlicher Ordnung findet sich wenig mehr als die seltsamen Werke von Friedrich Hayek und Milton Friedman.

Von den Erfahrungen und Gewohnheiten, den Resten von Gebräuchen, Religionen und Institutionen, von den klimatischen und topographischen Besonderheiten der Länder des ehemaligen Sowjet-Reiches ist nur insoweit die Rede, als diese Hindernisse oder förderliche Hilfen für den Anschluß an den Weltmarkt darstellen. Wir beobachten bei der Erschließung des ehemaligen »Ostblocks« die gleiche Rücksichtslosigkeit, die aus Afrika und Teilen Asiens im Gefolge des Kolonialismus und des Neo-Kolonialismus verwüstete und ruinierte Kontinente gemacht hat.

Vielleicht vermöchte ein wenig von der Rücksichtnahme, Empfindlichkeit und Bedächtigkeit, die Montesquieu entwickelt, um die Besonderheiten einzelner Länder und Staaten zu beachten, die Reproduktion massenhaften Unheils zu bremsen, zu mäßigen, eventuell sogar zu verhindern. (Dies niederschreibend hat man das Gefühl eines Rufers in der Wüste.)

Was Montesquieu von den meisten repräsentativen Denkern

des 19. und des 20. Jahrhunderts unterscheidet und was ihn auch von vielen seiner Zeitgenossen trennt, ist eine Eigenart seines Denkens, die auch heute noch fast wie ein Vorwurf klingt: Seine Überlegungen und Analysen scheinen kein konkretes und genau beschreibbares Ziel zu haben. Der Baron de La Brède et de Montesquieu redet auch nicht von Instrumenten und Methoden, die ein beliebiges Ziel erreichbar machten. Montesquieu ist anders. Er nennt keine »Modelle« gerechter Gesellschaften und keine Entwürfe gerechter Ordnung, zu deren Verwirklichung man Strategien entwickeln könnte. Gewiß, er bedenkt die Möglichkeiten von Freiheit, aber diese bleibt für ihn sehr stark abhängig von den gesellschaftlichen Gegebenheiten.

Will man sich der Besonderheiten seines Denkens bewußt werden, muß man wohl viel Schlacken, Schutt und ideologisches Gerümpel auch im eigenen Bewußtsein beiseite räumen, das die Zeitgenossen Montesquieus und die Denker der nachfolgenden beiden Jahrhunderte angehäuft haben und das auch vielen Interpreten Montesquieus nicht fremd ist.

Condillac, Helvétius, Holbach, Condorcet, Diderot, aber auch Turgot, d'Alembert und Voltaire waren überzeugt, an der Schwelle zu einer neuen Menschheitsepoche zu leben. Sie meinten, die Erkenntnisse einzelner – und natürlich besonders ihre eigenen Erkenntnisse – eröffneten der Menschheit die Möglichkeit, das Schicksal, die Zukunft des Menschengeschlechts vorauszusehen, zu planen oder gar bewußt zu gestalten. Der Gegenstand menschlichen Tuns schien sich unendlich zu erweitern. Der Wohlstand und das Glück der Nationen schien nur eine Frage der Befreiung der Arbeit von ihren korporatistischen Fesseln.

Der Geschichtsoptimismus des 18. Jahrhunderts, der dann im 19. Jahrhundert in den Heilsversprechungen beispielsweise des »état positif« eines Auguste Comte oder im Ziel einer klassenlosen Gesellschaft bei Karl Marx in virulent politische Ideologien einmündete, glaubte an ein goldenes Zeitalter, das der Fortschritt entweder erreicht oder dem er sich zumindest asymptotisch annähert. Manche dieser Ideologien machen *eine* Ursache für das bestehende Elend verantwortlich und versprechen, mit deren Beseitigung das Heil zu erreichen. Andere glauben, bestimmte Organisationsmethoden und besondere Kenntnisse machten das goldene Zeitalter gleichsam auf magischem Wege erreichbar, und wieder andere sind davon überzeugt, die Geschichte selbst werde gleichsam im Eigenlauf in einen harmonischen Endzustand menschlicher Organisationen einmünden.

Die angeblich auf ein Ziel zulaufende Geschichtsentwicklung wird zum Gegenstand intellektueller und praktischer Bemühungen. Dieser Vorgang im europäischen Denken veränderte schon zu Lebzeiten Montesquieus das Bewußtsein der Menschen.

Montesquieu ist von diesem teleologischen Geschichtsverständnis und vom Fortschrittsglauben weitgehend unberührt. Er versagt sich aber auch den Trost, nicht die Menschheit und ihre neuen Repräsentanten, sondern ein handelnder Gott sei der Herr der Geschichte. Dies scheint ihm ebenso absurd wie die Vorstellung, man könne wissenschaftliche Methoden erfinden oder entdecken, die zum Glück der Menschheit führen. Er ist Aufklärer, aber er will sich auf die Vernunft und die Erkenntnis einlassen, nicht auf Träume vom Heil.

Indem er kirchliche wie weltliche Heilspläne in der Geschichte verwirft, stellt Montesquieu das Problem gerechten Handelns mit aller Radikalität. Ohne die Hilfe eines »Fortschritts«, sei es im Glauben, sei es im Vertrauen auf Wissenschaft und Erkenntnis, werden ja tatsächlich die Probleme menschlichen Handelns und menschlicher Gerechtigkeit vieler Lösungen beraubt, die nur Hintertüren und Schlupflöcher sind und die aus der Ethik eine Strategie zu machen erlauben. In Montesquieus Interpretation menschlicher Existenz in Gesellschaft und Geschichte können sich die Menschen in ihrem Handeln weder durch höheres Heilswissen noch durch Kenntnis des Zieles der Geschichte und Kenntnis der Techniken, es zu erreichen, aus der Verantwortung für ihr Tun zurückziehen.

Es gibt keinen Endzweck, der dumme, verbrecherische oder auch nur zweifelhafte Mittel und, wie es heißt, zeitweise Anpassungsverelendung rechtfertigte. Die Qualität einer Handlung muß in ihr selbst liegen; sie kann nicht durch einen letzten Zweck, ein höchstes Gut, das sie herstellt oder dessen Herstellung sie vorbereitet, legitimiert werden, sie muß in sich selbst gut und vernünftig sein.

Die Güte einer Handlung allerdings muß vor der Gerechtigkeit als dem die Regeln des Handelns bestimmenden Grundsatz bestehen können. Und es gibt keine Gerechtigkeit ohne Gott, durch dessen Präsenz erst die Welt Strukturen und sinnhafte Gesetze hat. Gerecht zu handeln jedoch ist allein Aufgabe des Menschen. Das Wissen um das Göttliche hilft hierbei, aber Handlungen sind nicht die Handlungen Gottes, sondern der Menschen.

Die Gerechtigkeit, um die es Montesquieu geht, ist uns heute kaum mehr geläufig, weil fast alle unsere Kategorien und Denkmuster vom Fortschrittsglauben – auch wenn wir diesem längst abgeschworen haben – geprägt sind, der zu Lebzeiten Montesquieus zum Durchbruch kam, der ihn aber nicht erfaßte.

Wenn Montesquieu im Vorwort zum *Esprit des Lois* sagt, er habe die Menschen untersucht, schließt er noch im gleichen Satz eine Bemerkung über ihre Gesetze und Sitten an. Dies ist kein Zufall. Für ihn sind Menschen immer Mitglieder einer Gesellschaft, Teile eines sozialen Verbandes. Er untersucht nicht *den Menschen*, sondern *die Menschen in Gesellschaft*. Das heißt, wenn man diesen Menschen in Gesellschaft gerecht werden will, darf man sie auch gedanklich nicht aus ihren »rapports«, ihren Bezügen, herauslösen. Gerecht handeln heißt dann, Traditionen und

Bräuche, vorherrschende Stimmungen, Meinungen und religiöse Überzeugungen der Menschen zu berücksichtigen. Anderenfalls ist eine Handlung nicht sachgerecht. Vernunft, die die konkreten Beziehungen durchdringt, ohne sich ihnen völlig auszuliefern, steht so keineswegs notwendig im Gegensatz zum »esprit général« einer bestimmten Gesellschaft.

Der »esprit général« selbst aber ist ebenfalls kein göttliches Gesetz. Das überpositive Recht göttlicher Gesetze, d.h. die Gerechtigkeit, besteht sowenig in der einfachen Fortschreibung von Traditionen und dem Festschreiben bestehender Sitten und Gebräuche, wie sie im Überstülpen abstrakter Rechtseinsichten auf eine jeweils konkrete Gesellschaft zu finden ist.

Die Spannung zwischen Vernunft und »esprit général« wird nur im Bewußtsein abstrahierender Theoretiker von heute zu einem Widerspruch, weil diese sich nicht auf die Vielschichtigkeit der sozialen Wirklichkeit und auf das vernunftbestimmte Bemühen um sachgerechtes Handeln einlassen wollen – Reste der Vorstellung eines allgemeinen Fortschritts.

Montesquieu insistiert auf der Berücksichtigung der sozialen und institutionellen Gegebenheiten einer Gesellschaft und der dominanten Bewußtseinslagen, die er »mœurs« nennt. Auch und gerade, wenn er sich mit den Freiheiten der Bürger beschäftigt, spricht Montesquieu von Menschen, die in sozialen Gruppen und in einem geistigen Milieu leben, und nicht von einem abstrakten individualistischen Einzelwesen, das frei sein soll. Diese ganz unsentimentale Haltung ist gemeint, wenn Montesquieu von seiner Liebe zu den Menschen spricht.

Der »esprit général« einer Gesellschaft aber meint mitnichten ein Set von determinierenden Faktoren. Er ist eher ein Hindernis für alle Träume von einer wie auch immer gearteten »Souveränität« der Regierenden oder von magischen Vorstellungen aufsitzenden Denkern, die ihr Denken für Wissenschaft halten – Reste ...

Missionarische Wahrheitsbesitzer religiöser Provenienz sind Montesquieu ebenso fremd wie alle anderen Denker mit Ausschließlichkeitsansprüchen. Sie alle fordern im Namen einer höheren Einsicht oder Offenbarung Souveränität, d. h. sie fühlen sich über oder außerhalb der Gesellschaft und wissen sich nicht in deren Pluralität eingebunden. Montesquieu ist gegen jede aus derartigem Heilswissen resultierende Orthodoxie, sei diese religiös oder wissenschaftlich begründet. Er plädiert für die Suche nach Einsichten. Er weiß aber, daß die Vernunft sich in aller Regel nicht von allein durchsetzt. Nur ist dies kein Grund, zur Gewalt zu greifen – gerade nicht für den Vernünftigen. Montesquieu ist ein radikaler Gegner aller Vorstellungen, die meinen, ein Problem »ein für alle Mal« lösen zu können.

Recht und Gerechtigkeit erkennt er als Möglichkeiten menschlicher Vergemeinschaftung, die nicht aufgestülpt werden dürfen, sondern die den Menschen in ihren sozialen Beziehungen und Organisationen entsprechen müssen. Sie müssen nur von der schwachen, aber präsenten Vernunft der Handelnden bestimmt sein, und zudem müssen die Leidenschaften der Menschen durch mäßigend wirkende Regeln und Institutionen daran gehindert werden, sich gegen alle Vernunft auszutoben.

Anhang

Anmerkungen

1 Siehe dazu als Beispiel für viele: O.W. Kägi, Zur Wandlung und Problematik des Gewaltenteilungsprinzipes, Zürich 1937, insb. S. 44 und S. 49 ff.

2 F. Meinecke, Die Entstehung des Historismus, München 1959.

3 Über den Zeitraum bis zu Beginn des 19. Jahrhunderts liegt eine umfangreiche Studie über Montesquieus Einfluß im deutschen Sprachraum vor: Frank Herdmann, Montesquieurezeption in Deutschland im 18. und beginnenden 19. Jahrhundert, Hildesheim/ Zürich/ New York 1990.

4 Vgl. Paul M. Spurlin, Montesquieu in Amerika 1760-1801, New York 1969.

5 Montesquieu, Œuvres complètes, hrsg. und mit Anmerkungen versehen von Roger Caillois, Bibliothèque de la Pléiade, 2 Bände, Paris 1949.

6 Œuvres complètes de Montesquieu, hrsg. unter Leitung von André Masson, 3 Bände, Paris 1950.

7 Montesquieu, Vom Geist der Gesetze, übers. und hrsg. von Ernst Forsthoff, 2 Bände, Tübingen 1951, Neuauflage Tübingen 1992.

8 In: Ders., Œuvres complètes (Caillois), Bd. 2, a.a. O., S. 19 ff.

9 Siehe dazu sehr detailliert: R. Shackleton, Montesquieu, Oxford 1961, S. 28 ff.

10 Es ist auffällig, daß Montesquieu im *Esprit des Lois* Aristoteles fast nur zitiert, um ihn zu kritisieren.

11 F. Bacon, Meditationes Sacrae Cap. XI, in: ders., Collected Works, hrsg. von J. Spedding u. a., Bd. 7, London 1861, S. 253.

12 Montesquieu, De La Politique, in: Œuvres complètes (Caillois), Bd. 1, a.a. O., S. 112.

13 Iring Fetscher, Politisches Denken im Frankreich des 18. Jahrhunderts, in: Fetscher/Münkler (Hg.), Pipers Handbuch der politischen Ideen, Bd. 3, München 1985, S. 456.

14 Zum Problem der Urteilskraft siehe: Ernst Vollrath, Die Rekonstruktion der politischen Urteilskraft, Stuttgart 1977.

15 J. Starobinski, Montesquieu, München 1991, S. 32f. Das Montes-
   quieu-Zitat: Voyage de Graz à la Haye, in: Œuvres complètes (Caillois), Bd. 1, a. a. O., S. 671.

16 Montesquieu, De La Politique, in: Œuvres complètes (Caillois), Bd. 1,
   a. a. O., S. 114.

17 J. Starobinski, Montesquieu, a. a. O., S. 59 ff.

18 Siehe z. B. auch Montesquieu, Pensées, a. a. O., M 597, C 1800; M 828,
   C 1801; M 943, C 1798.

19 Ders., Le Spicilège No. 391, in: Œuvres complètes (Masson), Bd. 2,
   a. a. O., S. 787.

20 G. Benrekassa, Montesquieu. La liberté et l'histoire, Paris 1987, S. 32.

21 Montesquieu, Histoire véritable, in: Œuvres complètes (Caillois), Bd.
   1, a. a. O., S. 422.

22 Ders., Considérations sur les richesses de l'Espagne, in: Œuvres complètes (Caillois), Bd. 2, a. a. O., S. 9 ff.

23 Ders., Reflexions sur la Monarchie Universelle en Europe, in: Œuvres
   complètes (Caillois), Bd. 2, a. a. O., S. 19 ff.

24 Vgl. R. Aron, Les étapes de la pensée sociologique, Paris 1967, S. 63.
   Aron sieht allerdings weniger eine Ordnung, aus der Macht entspringt,
   als ein Strukturprinzip des politischen Liberalismus.

25 G. Benrekassa, Montesquieu. La liberté et l'histoire, a. a. O., S. 101.

26 Montesquieu, Essay sur les Causes qui peuvent affecter les Esprits et
   les Charactères, in: Œuvres complètes (Masson), Bd. 3, a. a. O., S. 421.
   Vgl. auch: P: M 811; C 1209.

27 Ders., Dialogue de Sylla et d'Eucrate, in: Œuvres complètes (Caillois),
   Bd. 1, a. a. O., S. 505.

28 Vgl. Aristoteles, Nikomachische Ethik 1095 b 23 f. »Indessen möchte
   die Ehre doch etwas zu Oberflächliches sein als daß sie für das gesuchte
   höchste Gut des Menschen gelten könnte. Scheint sie doch mehr in den
   Ehrenden als im Geehrten zu sein.«

29 Ich verwende bewußt die Terminologie von J. Derrida, La Pharmacie
   de Platon, neuerdings in: Platon, Phèdre, Paris 1989, S. 256 ff.

30 Dazu S. Goyard-Fabre, La Philosophie du Droit de Montesquieu,
   Paris 1979, S. 168, die allerdings die Parallele zu Platon ausdrücklich
   ablehnt (S. 167).

31 Vgl. R. Aaron, Dix-huit leçons sur la société industrielle, Paris 1962,
   S. 65.

32 Z.B. EL Vorerinnerung; Considérations XXII, 202; EL III, 10; EL
   VII, 2.

33 Siehe auch EL IV, 6, wo Montesquieu die Übel einer Gesellschaft durch eine Ordnung nach dem Modell der »Republik« Platons zu vermeiden empfiehlt.

34 EL IV, 4 und 5, aber auch 2.

35 Vgl. A. Rikklin, Montesquieus freiheitliches Staatsmodell. Die Identität von Machtteilung und Mischverfassung, in: PVS (30. Jg.) 1989, H. 3, S. 425 ff., den ich im folgenden weitestgehend nachzeichne, wobei mir auffällt, daß er auf die Analyse M. Richters, die weitergehend ist, nicht eingeht. Vgl. M. Richter, The Political Theory of Montesquieu, Cambridge 1977.

36 Richter, The Political Theory of Montesquieu, a.a.O., S. 85.

37 Die Bürgerrechte werden allerdings nicht im elften Buch behandelt; sie werden, wie Rikklin richtig feststellt, im »Umfeld« des England-Kapitels erörtert (Rikklin, Montesquieus freiheitliches Staatsmodell, a.a.O., S. 429), s. insb. Buch XII und auch die Bücher VI, XV, XXIV (genauer bei Rikklin, ebenda, S. 430). Siehe auch Richter, The Political Theory of Montesquieu, a.a.O., S. 94 f.

38 Rikklin, Montesquieus freiheitliches Staatsmodell, a.a.O., S. 437. Richter weist darüber hinausgehend darauf hin, daß vier trennbare Theorien vorliegen: Mischverfassung, Gewaltenteilung, Machtgleichgewicht in der Verfassung und eine Theorie der »checks and balances«. Richter, The Political Theory of Montesquieu, a.a.O., S. 86.

39 So Rikklin, Montesquieus freiheitliches Staatsmodell, a.a.O., S. 437.

40 Ebenda, S. 429. Diese vier Regeln geben die vier Theorien wieder, die Richter identifiziert. (Siehe Anm. 38)

41 Die Pointe des Vergleiches liegt darin, daß das ausgereifte Modell einander bremsender politischer Institutionen der volkswirtschaftlichen Theorie des Marktes vorausgeht. Die Lehre von Adam Smith wurde wohl auch unter Beachtung der Überlegungen Montesquieus entwickelt. Smith überträgt den Grundgedanken gegenseitiger Ausbalancierung politischer Institutionen auf die Wirtschaft und spricht vom sich im Markt ausbalancierenden Gleichgewicht der konkurrierenden Wirtschaftskräfte.

42 Ich gebe hier und im folgenden zur besseren Auffindbarkeit der Stellen den jeweiligen Absatz aus dem Kap. 6 an, wie dies Rikklin tut. Die deutschen Leser seien allerdings darauf hingewiesen, daß die verbreitete Forsthoffsche Edition die Abs. 16 und 65 in die jeweils vorherigen Absätze integriert; ich folge der Pléiade-Ausgabe. (Siehe Anm. 5)

43 Alexis de Tocqueville, De la Démocratie en Amérique, Paris 1961, Bd. 1, Teil 2, Kap. VII, S. 262.

44 Rikklin, Montesquieus freiheitliches Staatsmodell, a. a. O., S. 431 f. Die Formulierungen sind dort alle aufgeführt.

45 Zu diesem Bereich M. Richter, The Political Theory of Montesquieu, a. a. O., S. 91 ff., der hier eine Theorie der Machtbalance identifiziert.

46 Dazu Richter, ebenda, S. 92 f., der verschiedene Interpretationsmuster diskutiert.

47 Richter, der die Spannung sehr genau erkennt, erklärt diese mit Montesquieus Ablehnung des Despotismus, die klarer im Denken des Autors präsent sei als die Besonderheiten der englischen Verfassung. (Richter, The Political Theory of Montesquieu, a. a. O., S. 93)

48 Shackletons Untersuchungen zeigen, daß Montesquieu das England-Kapitel vor dem *Esprit des Lois* nahezu fertig geschrieben hatte und daß es mit wenigen Änderungen in das Buch aufgenommen wurde. Vgl. Shackleton, Montesquieu. A Critical Biography, Oxford 1961, S. 285.

49 Montesquieu, Notes sur L'Angleterre 1729-1730, in: Œuvres complètes (Masson), Bd. III, a. a. O., S. 286.

50 Ebenda, S. 288 f.

51 Max Weber, Die Protestantische Ethik und der Geist des Kapitalismus, in: ders., Gesammelte Aufsätze zur Religionssoziologie, Bd. 1, Tübingen 1920, S. 17 ff.

52 Montesquieu, Voyage de Graz à la Haye, in: Œuvres complètes (Caillois), Bd. 1, a. a. O., S. 863 f.

53 R. Aron, Dix-huit leçons sur la société industrielle, a. a. O., S. 36.

54 S. Goyard-Fabre, La Philosophie du Droit de Montesquieu, a. a. O., S. 162.

55 In der Ausgabe der Werke (Masson, Bd. 2, S. 295) findet sich eine ganz eigenartige Folge von scheinbar unzusammenhängenden Gedanken, die aber gewiß nicht zufällig in dieser Reihenfolge von Montesquieu niedergeschrieben sind. Die *Pensées* 1083-1090 handeln teilweise über Macht, teilweise über Frauen. Ich halte dies für ein interessantes Indiz dafür, daß das Denken Montesquieus beim Reflektieren des Problems der Macht immer wieder auch auf die Frage zurückkommt, wie eine Gesellschaft die Frauen behandelt.

56 Im *Esprit des Lois* wird Montesquieu später sagen: »In den despotischen Staaten ist jedes Haus ein Reich für sich.« (EL IV, 3) Siehe auch EL V, wo Montesquieu erklärt, in Despotien laufe alles darauf hinaus,

»die Staats- und Zivilverwaltung mit der Hausverwaltung und die Beamten mit denen des Serails in Einklang zu bringen«.

57 Vgl. P.: M 541; C 644: Der Despot nimmt keinen Anteil am von ihm beherrschten Volk.

58 Siehe etwa Brief 62, wo Zelis empfiehlt, die Mädchen schon vor ihrer sexuellen Reife »durch die Sanftheit der Gewöhnung« in das Leben im Serail einzuüben.

59 Siehe Brief 64, in dem der schwarze Obereunuch berichtet, wie er durch seinen Meister – einen anderen Eunuchen – »in die schwierige Kunst des Befehlens« eingewiesen und eingewöhnt wurde.

60 Siehe z. B. EL XIX, 12, 15 und XXVI, 19.

61 Melvin Richter weist zu Recht darauf hin, daß insbesondere Montesquieus Insistieren auf der Sicherheit, die er geradezu mit der Freiheit gleichsetze, ebenso mit seiner Ablehnung des Despotismus und dessen struktureller Unsicherheit zu tun hat, wie dies auch für alle anderen Elemente freiheitlicher Verfassung gilt. Machtbeschränkung, das freie Wirken sozialer Gruppen, die öffentliche Debatte und der auf Zustimmung gründende Konsens freier Gesellschaften sind alles Elemente der Freiheit, der despotische Regierungen entbehren. (Richter, The Political Theory of Montesquieu, a. a. O., S. 78 f.)

62 Montesquieu, Dossier de L'Esprit des Lois, in: Œuvres complètes (Caillois), Bd. 2, a. a. O., S. 997 f.

63 Siehe auch C III.

64 Vgl. die deutsche Ausgabe: B. Mandeville, Die Bienenfabel oder Private Laster, öffentliche Vorteile, Frankfurt/M. 1968.

65 Siehe seine Modellüberlegungen zum Außenhandel, in: EL XXII, 10. Vgl. auch Montesquieu, Le Spicilège No. 231, in: Œuvres complètes (Masson), Bd. 2, a. a. O., S. 748 ff.

66 Vgl. Montesquieu, Voyage de Graz à la Haye (I: Italie), in: Œuvres complètes (Caillois), Bd. 1, a. a. O., S. 544 ff. über Genua, Florenz u. a.

67 Ebenda, S. 666.

68 Ebenda, S. 548.

69 1 Samuel 8.

70 1 Samuel 10.

71 1 Samuel 8, 20.

72 1 Samuel 11.

73 1 Samuel 11, 12 ff.

74 Niccolo Machiavelli, Geschichte von Florenz, Zürich 1986, S. 285.

75 Siehe z. B. IX, 1; IX, 7 und X, 6.

76 Vgl. S. Goyard-Fabre, Montesquieu, adversaire de Hobbes, Paris 1980.

77 So übersetzt Forsthoff »révolte«, ich meine einseitig politisch, mit »Aufruhr«, a. a. O., S. 161.

78 Das Argument steht implizit in der Formulierung, die christliche Religion bringe die Fürsten dazu, »zu fühlen, daß sie nicht alles können« (EL XXIV, 3).

79 Vgl. Montesquieu, Fragment: Traité des Devoirs, Kap. 12, in: Œuvres complètes (Masson), Bd. 3, a. a. O., S. 158.

80 Lacordaire, Discours de Réception à l'Academie française, Paris 1861, S. 8.

81 Die Pensée M: 913; C: 1645, die wohl in die Zeit der Rückkehr von den großen Reisen fällt, also etwa 1731-1734, hält fest: »Die Juden sind jetzt gerettet: der Aberglaube kommt nicht zurück und man wird sie nicht mehr wegen ihres Gewissens ermorden.«

82 Siehe dazu auch Le Spicilège 456, in: Œuvres complètes (Masson), Bd. 2, a. a. O., S. 809.

83 Siehe auch EL XIX, 18-20.

84 Vgl. auch: Montesquieu, Reflexions sur le charactère de quelques princes et sur quelques évènements de leur vie, in: Œuvres complètes (Masson), Bd. 3, a. a. O., S. 537 ff., hier bes. S. 549.

85 Montesquieu ist erkennbar in glücklicherer Lage als wir Zeitgenossen des 20. Jahrhunderts. Er analysiert religiös-ideologische Bewegungen am Königshof und in den Spitzen der politischen Klasse. Die ideologischen Massenbewegungen der Moderne erfassen jedoch das Volk selbst. Das ändert aber nichts an seiner treffenden Analyse der Dynamik der Selbstaufwertung der Ideologen, die sich ohne Wissen über praktische Politik durch ihren Streit in die öffentlichen Ämter diskutieren.

86 Montesquieu, Mémoire sur la Constitution, in: Œuvres complètes (Masson), Bd. 3, a. a. O., S. 471 ff.

Literaturhinweise

1. Werke von Montesquieu

a) Gesamtwerk

Œuvres complètes, hrsg. von R. Caillois, 2 Bde., Paris 1949-1951.
Œuvres complètes de Montesquieu, hrsg. von A. Masson, 3 Bde., Paris 1950.

b) Deutsche Ausgaben

Vom Geist der Gesetze, hrsg. von E. Forsthoff, Tübingen 1992.
Persische Briefe, Stuttgart 1991.
Vom glücklichen und weisen Leben, Zürich 1990.
Größe und Niedergang Roms, Frankfurt/M. 1980.

2. Sekundärliteratur

a) Bibliographien:

Cabeen, Montesquieu. A bibliography, New York 1947.
A supplementary to Montesquieus's bibliography, in: Revue internationale de philosophie 1955.
Ehrard, Les études sur Montesquieu et L'Esprit des Lois, in: L'information littéraire 1959.
Rosso, Montesquieu présent. Études et travaux depuis 1960, in: XVIIIième siècle 1984.

b) Ausgewählte Bücher

H. Barckhausen, Montesquieu. Ses idées et ses œuvres d'après les papiers de La Brède, Paris 1907.
S. Cotta, Montesquieu e la scienza della società, Turin 1953.
Actes du Congrès Montesquieu, Bordeaux 1956.
R. Shackleton, Montesquieu. A critical biography, Oxford 1961.
J. Ehrard, Politique de Montesquieu, Paris 1965.
G. Benrekassa, Montesquieu, Paris 1968.

C. Rosso, Montesquieu moraliste: des lois au bonheur, Bordeaux 1971.

W. Kuhfuss, Mäßigung und Politik, München 1975.

M. Richter, The political theory of Montesquieu, Cambridge 1977.

G. Benrekassa, Montesquieu, la liberté et l'histoire, Paris 1987.

J. Starobinski, Montesquieu, München 1991.

L. Desgraves, Montesquieu, Stuttgart 1992.

Zeittafel

1689	Charles Louis de Secondat wird am 18. Januar im Château de La Brède geboren. Der Name Montesquieu verweist auf die gleichnamige Herrschaft, deren ursprünglicher Sitz bei Agen liegt. Sie war 1562 einem Vorfahren von der Königin Jeanne d'Albret von Navarra verliehen und von Heinrich IV. in eine Baronie erhoben worden.
1708	Charles Louis de Secondat erwirbt nach juristischen Studien eine Lizenz als Advokat beim Parlament von Bordeaux. Die »parlements« jener Zeit sind regionale Verwaltungs-, Gerichts- und Selbstverwaltungseinrichtungen, deren Hauptaufgabe im Gerichtswesen liegt, die aber auch um politischen Einfluß in der Verfassung des Ancien régime kämpfen.
1713	Nach dem Tod des Vaters bricht Charles Louis de Sécondat Baron de La Brède et de Montesquieu einen ersten Paris-Aufenthalt ab und kommt nach Bordeaux zurück.
1714	Montesquieu erwirbt eine Stelle als Rat im »parlement« von Bordeaux.
1715	Eheschließung mit der Hugenottin Jeanne de Lartigue, die der Familie zwei Töchter und einen Sohn schenken wird.
1716	Ein Jahr nach dem Tod des seit 1643 regierenden Königs Ludwig XIV. erbt Montesquieu von seinem Onkel nicht nur dessen Vermögen, sondern auch das Anrecht auf den Titel und eines der neun Ämter eines »président à mortier« im »parlement« der Guyenne (meist als Parlament von Bordeaux bezeichnet). Er kauft Amt und Titel. Montesquieu wird im gleichen Jahr in die Akademie von Bordeaux gewählt.
1716-20	Natur- und geisteswissenschaftliche Forschungen und Vorträge in der Akademie.
1721	Die *Persischen Briefe* erscheinen anonym. Montesquieu wird schnell als Autor des erfolgreichen Werkes identifiziert.
1721-24	Regelmäßige Aufenthalte in Paris. Montesquieu spielt in den intellektuellen Zirkeln der Hauptstadt eine geachtete Rolle.

1724	Der *Temple de Guide*, ein zweites Romanwerk Montesquieus, erscheint.
1726	Montesquieu verkauft wegen finanzieller Schwierigkeiten nach zehnjähriger Amtszeit sein Amt des »président à mortier« und verlegt sein Lebenszentrum nach Paris.
1727	Wahl in die Académie française.
1728-29	Reisen nach Wien, Ungarn, Graz, Italien, Deutschland und Holland.
1729-31	Englandaufenthalt.
1730	Montesquieu wird Freimaurer und Mitglied der Royal Society.
1734	Die *Considérations sur les causes de la grandeur des Romains et de leur décadence* erscheinen in Holland.
1734-48	Montesquieu konzentriert die Arbeit auf sein Hauptwerk *De l'esprit des lois*. Er lebt teils in Bordeaux, teils in Paris. Seine Augen versagen mehr und mehr den Dienst, was ihn zwingt, seine Arbeiten mit Hilfe von Sekretären voranzutreiben.
1748	*De l'esprit des lois* erscheint in zwei Bänden.
1750	Die lebhafte Kritik an seinem Hauptwerk von seiten der Jansenisten und der theologischen Fakultät der Sorbonne, die letztlich doch zur Aufnahme des Werkes auf den Index der für Katholiken verbotenen Bücher führen, bewegen Montesquieu, eine *Défense de l'esprit des lois* zu publizieren.
1755	Am 10. Februar stirbt der fast erblindete Montesquieu in Paris, wo er auch begraben ist.

Michael Hereth, geb. 1938, ist seit 1976 Professor für Politische Wissen-schaften an der Universität der Bundeswehr in Hamburg. Neben diversen Titeln, u. a. über Parlamentarismus, Politische Ökonomie, Parteien, Adam Smith und Bolingbroke, veröffentlichte er bei Junius *Tocqueville zur Ein-führung*.

In der Reihe
»Grosse Denker - Eine Einführung«
sind lieferbar:

Die Sophisten
von Bernhard H.F. Taureck
3-926642-64-5

Die Vorsokratiker
von Carl-Friedrich Geyer
3-926642-65-3

Simone Weil
von Heinz Abosch
3-926642-66-1

Carl Friedrich von Weizsäcker
von Michael Drieschner
3-926642-67-X

Erich Fromm
von Helmut Wehr
3-926642-68-8

Hans Jonas
von Franz Josef Wetz
3-926642-69-6

In der Reihe
»MEISTERDENKER«
sind lieferbar:

Arthur Schopenhauer
"Die Welt als Will und Vorstellung"
von Margot Fleischer
3-926642-33-5

Siegmund Freud
"Die Freudsche Psychoanalyse
und ihr Einfluss auf das 20. Jh."
von Anthony Storr
3-926642-34-3

Albert Einstein
"Eine Formel verändert die Welt"
von Klaus Fischer
3-926642-35-1

Thomas von Aquin
"Antike und Christenum"
von Anthony Kenny
3-926642-36-X

In der Reihe
»MEISTERDENKER«
sind lieferbar:

Thomas Hobbes
"Freiheit und Unfreiheit des Individuums"
von Richard Tuck
3-926642-41-6

Jean-Jacques Rousseau
"Zurück zur Natur!"
von Robert Wokler
3-926642-42-4

Immanuel Kant
"Was ist der Mensch?"
von Roger Scruton
3-926642-43-2

Georg Wilhelm Friedrich Hegel
"Vernunft und Wirklichkeit"
von Martin Gessmann
3-926642-44-0

In der Reihe
»MEISTERDENKER«
sind lieferbar:

Aristoteles
"Die Welt als sinnvolles Ganzes"
von Thomas Buchheim
3-926642-49-1

Augustinus
"Der grosse Kirchenlehrer"
von Wilhelm Geerlings
3-926642-51-3

Platon
"Das Gute und das letzte Ziel allen Strebens"
von Michael Bordt
3-926642-50-5